世界史の中の戦後思想

自由主義・民主主義・社会主義

三宅芳夫

地平社

世界史の中の戦後思想

まえがき

二一世紀現在、地球生態系、政治体制としての自由民主主義、そして冷戦終結後、唯一の選択肢として暫時受け入れられたかに見えたグローバル資本主義システム、そのすべてが崩壊へと滑り落ちつつある。同時に、自由民主主義体制とグローバル資本主義の連携の要となってきた米国を中心とする国際秩序も、急速に正統性を失い、不安定化しつつある。

しかし、歴史を振り返ってみれば、ちょうど一世紀前、英国を中心とした自由主義－資本主義体制としての世界秩序もまた、一九一四～四五年の間に二度の世界戦争、ロシア・中国というユーラシアの二大国における革命、さらに世界恐慌（Great Depression）、続いて抬頭した国際ファシズムによって、瞬く間に崩れ落ち、人類は億単位の犠牲者を出すことになった。

この二〇世紀の「三〇年戦争」の過程で、近代世界システムの唯一のヘゲモニー理念であった「自由主義　liberalism」は一九世紀までは少数の「過激派」の主張とされた「民主主義 democracy」への一定の譲歩・妥協を迫られることになる。本書では、序章と第一章において、近現代における自由主義と民主主義の関係を理論的・

歴史的に考察している。

さて、第二次世界大戦（以下、WWII）後の近代世界システムは、民主主義への譲歩・妥協によって、国際秩序の上では、欧米日帝国主義・植民地主義からの「解放 liberation」の圧力に直面することになる。

一九五〇年代前半には、北側では国際冷戦レジームが成立する。国際冷戦レジームとは一方では、米国を覇権国家とする「自由主義－民主主義」体制＋グローバル資本主義を「西」、他方でソ連・東欧を中心とする旧社会主義圏を下位のパートナー＝「東」とする非対称な世界空間の秩序である。ここで焦点となったのは、「南」＝第三世界における欧米帝国主義への民主主義の要求、すなわち反植民地民族解放運動である。

この文脈においては、元来、カリブ、ラテンアメリカを除いては「反植民地主義」を掲げていたはずの米国は、ベトナムやインドネシア、中東、さらにコンゴをはじめとするブラック・アフリカ、そして白人アパルトヘイト政権である南アフリカにおいて、旧宗主国である英、仏、ベルギー、ポルトガルなどとともに「解放 liberation」運動を弾圧・抑圧する側に加担する。これに対し、国内においては権威主義的独裁体制であったソ連・東欧、それにキューバは――おおむねのところ――植民地の解放運動を支援しつづけることになる。

この構図は、ソ連・中国が支援したベトナムとソ連・キューバが支援した南アフリカ、モザンビーグ、アンゴラの例でとりわけ顕著である。パレスティナでも一九四八年の「ナクバ」以来ディアスポラ化したアラブ人の側に立ったのは、米国ではなくソ連であった。「アラブの盟主」として、パレスティナの解放を唱えたエジプトは一九六七年の第三次中東戦争によって米国の支援を受けたイスラエル軍の「電撃戦 Blitzkrieg」によって叩き伏せられ、一九七六年には米国に屈服し、現在に至る。現在進行中のパレスティナにおける一方的な大虐殺に際しての、異常とも見える隣接する大国エジプトの無力は、この文脈を抜きには理解できない。またパレスティナ解放機構議長(PLO)のヤーセル・アラファトが、ナセルの下、第二次中東戦争においてエジプト軍に工兵大尉として従軍したこと、またPLOの国際的な後見人が冷戦期にはソ連、冷戦崩壊後は南アフリカのネルソン・マンデラであったことは記憶しておいてよいだろう。

国際冷戦レジームにおける第三世界と米国の覇権秩序の関係、また第三世界の理念の解体プロジェクトとして立ち上げられた新自由主義グローバリズムについては第二章「国際冷戦レジームと第三世界」で扱っている。また欧州とは時差をともなった東アジアでの国際冷戦レジームの前景化と「熱戦」への転化については、第六章「日本国憲法と東アジア熱戦」において叙述を試みた。

さて、本書の中核を為すのは、こうした世界史的文脈から照射される、いわゆる「戦後思想」の再検討である。

本書は、埴谷雄高、花田清輝、久野収、都留重人、武田泰淳、荒正人、丸山眞男、日高六郎、堀田善衛、加藤周一、鶴見俊輔等の名前に象徴される戦後思想・戦後文学の核は、一九三〇年代のファシズムへの抵抗であり、その意味で、戦中の思想と捉えるのが適切であるとする。その意味では丸山眞男の著書のタイトル「戦中と戦後の間」は、本書の視点を象徴していると言えるだろう。

第四章「戦後思想の胎動と誕生　一九三〇－一九四八」では、この視点から一九三〇年代のファシズムに対する抵抗を試みた三木清、林達夫、戸坂潤、中井正一などの京都学派左派や羽仁五郎、片山敏彦、渡辺一夫などの歴史家・文学者を「戦後思想の兄」と位置づける考察を行なっている。

中井正一、久野収は一九三五年にはフランスの「反ファシズム人民戦線 front populaire」の問題設定を導入、『世界文化』、『土曜日』などのメディアに拠りながら、一九三七年七月七日の日中戦争勃発後、検挙されるまで、言論による抵抗に従事した。

また戸坂潤は、哲学者古在由重、歴史家羽仁五郎、服部之総等と一九三二年に唯物論研究会を発足させ、一九三八年に当局によって強制的に解散させられるまで、唯物論全書の発行を続けた。丸山眞男は、一九三二年の唯物論研究会発足の際、長谷川如是閑の講演に出席し、その場で治安維持法違反容疑にて検挙、敗戦まで特高から要監視の状態に置かれることになる。戸坂潤は一九三八年検挙、四五年の敗戦直前の八月九日に獄死した。

一九三七年の日中戦争勃発は、言論における批判と学問の自由の双方をほぼ完全に葬り去った。第一次人民戦線事件では、代議士の加藤勘十、黒田寿男、運動家の山川均、荒畑寒村、鈴木茂三郎等、第二次人民戦線事件では、大内兵衛、有沢広巳、脇村義太郎、宇野弘藏、美濃部亮吉等、いわゆる「労農派」の大学教授たちがいっせいに検挙された。

この状況下で埴谷雄高、荒正人等は日中戦争勃発後の一九三九年に雑誌『構想』を、荒正人、平野謙、坂口安吾等は雑誌『現代文学』を創刊し、「書くことによる抵抗」＝文学に従事することになる。また花田清輝は、太平洋戦争開始後の一九四一年一二月八日以降も、「群論」（一九四二）、「極大・極小」（一九四二）、「『ドン・キホーテ』注釈」（一九四三）、「虚実いりみだれて」（一九四三）、「楕円幻想」（一九四三）等、後に『復興期の精神』に収められる優れたエッセイを発表しながら、やはり「書くことによる抵抗」を持続させる。

また武田泰淳は一九四三年に『司馬遷』を、竹内好は一九四四年に『魯迅』を出版し、海軍と連携しながら「大東亜共栄圏」を哲学的に正当化していた京都学派右派を批判する試みに従事していた。

戦後思想、戦後文学の末弟と位置づけられる加藤周一、中村真一郎、福永武彦、白井健三郎たちは日米開戦後の一九四二年「マチネ・ポエティク」を立ち上げ、やはり「押韻詩の試み」という形をまといながら、戦争の狂気に抵抗する。このマチネのグループの精神的庇護者となったのが、渡辺一夫、片山敏彦の二人の仏文学者、独文学者である。

さて、一九四五年八月一五日の敗戦、九月二日のミズーリ号での降伏調印は、ただちに日本の民主化を意味したわけではない。支配層はすべての責任を陸軍に押しつけ、旧態依然とした明治憲法＝大日本帝国体制へ回帰しようとしていた。したがって、内務省警保局による治安維持法システムも継続される予定であった。この方針の結果、三木清は降伏調印後の九月二六日に獄死、羽仁五郎もなお警視庁の留置所に拘束されていた。また治安維持法違反によって獄中には三〇〇〇人以上の政治犯がひきつづき収容されていたのである。

また、連合国軍最高司令官ダグラス・マッカーサーも当初はこの方針を容認し、支配層の象徴とも言える近衛文麿に改憲作業を委託する流れであった。これに対し、ハーバート・ノーマン、ジョン・K・エマソン、トーマス・ビッソンなど、SCAP／GHQ内の「ラディカル」とロバート・グルーミー、ロベール・ギラン、ハロルド・アイザック、アンドリュー・ロス、またマーク・ゲインなどの米仏のジャーナリストたちは『シカゴ・トリビューン』、『ニューヨーク・タイムズ』、『ニューズ・ウィーク』あるいはフランス通信（ＡＰＦ）などのメディアを通じて米国世論を喚起、これに押されてマッカーサーは当初の占領方針の転回に追い込まれ、その結果、近衛は見捨てられることとなった。こうしたＳＣＡＰ内部のラディカルの「巻き返し new deal」をＳＣＡＰの民間情報局長のエリオット・ソープ准将、政治部顧問（国務省代表）ジョージ・アチソン、民政局次長のチャールズ・ケーディス大佐も容認・後押しした。

この結果、一〇月四日には「人権指令」によって、①内務大臣および警察幹部・思想警察幹部の罷免、②思想警察＝特高の廃止、③天皇制に関する自由な思想・討論・集会の自由、④政治犯の釈放が日本政府に命じられ、東久邇宮内閣は即日総辞職、多くの朝鮮人を含む大量の政治犯がただちに釈放された。また女性参政権、労働三権なども、憲法制定作業に先立って、この時期にラディカルおよびニューディーラーのイニシアティヴによって決定された。

本書は、この一九四五年九月二六日の三木清の獄死から一〇月の人権指令を通って一二月の近衛・木戸などの重臣グループの失脚・逮捕までを「戦後革命」と位置づけ、第五章「敗戦と戦後革命」ではこの過程を詳述した。またここでは、Ｈ・ノーマンを中心とした戦中からの太平洋問題調査会（ＩＰＲ）と米国の東アジア政策における保守派との「駆け引き」というトランスナショナルな視点を導入してある。とりわけ、ノーマンに関しては、二〇世紀という動乱期を生きたトランスナショナルな思想家・知識人の一典型として再定位した。

同様な観点から、第七章「越境する世界史家」においてはエリック・ホブズボームが論じられている。実際、ノーマンとホブズボームはともに一九三〇年代の「赤いケンブリッジ」において植民地解放という理念と運動を共有していたのである。

最終章「二〇世紀を生き抜き、思考した東アジアの思想家」では、ホブズボームと同年となる一九一七年に植民地・青島《チンタオ》に生まれ、東京に移動した後、一九四五年の敗戦直前に海軍嘱託研究所に「国策転換に関する所見」を提出、そこで民主主義と植民地独立を「世界の大勢」と説き、当時の皇国史観の主導者に叱責され、職を解かれた日高六郎について論じている。

日高は早くから、戦後においても継続する植民地主義を批判しつづけた思想家である。それゆえ、彼は日本国憲法制定過程において、在日朝鮮人、中国人の権利が剥奪されたことを批判しつづけた。同時に日高六郎は、非マルクス主義的社会主義の立場から、管理社会化した自由主義―資本主義体制を批判した思想家でもある。

その意味で、本書は二〇世紀におけるトランスナショナルな思想家、H・ノーマン、E・ホブズボーム、そして日高六郎への二一世紀からのオマージュでもある。

序章　自由主義・民主主義・社会主義

現在、資本主義体制の危機、さらには人類史スケールでの危機が地球上のあちらこちらで語られている。と同時に、微かな希望として言及されるのは、民主主義である。

しかし、この「遍在 omniprésence」しながら語られる民主主義の内包と外延は実際のところ、曖昧模糊としている。

したがってまず、民主主義を理論的及び歴史的に（再）定義することから始めよう。

1　自由主義

現在では、「自由民主主義体制」という言葉が一般的であるように、自由主義と民主主義はほぼ重なり合うものとして語られることが多い。たとえば日本語空間での「リベラル派」という言葉は、ほぼ民主主義派と重なっていると言える。また米国でも「リベラル」はある時期からの民主党支持者の思想を指す。

しかし、自由主義と民主主義は理論的にも歴史的にも元来、別のものである。分かりやすい例を挙げれば、一九世紀はイマニュエル・ウォーラーステインが言うように自由主義の世紀であり、他方「民主主義 democracy」は、平等志向という点で「社会主義 socialism」とほぼ同義な「過激」な少数派の思想と見られ、原則として否定されていた。つまり一九世紀においては、自由主義と民主主義は対立する概念として捉えられていたのである。とりわけ、一八一五～一九一四の間、近代世界システムの覇権国家であった英国において。

例えばイギリス立憲主義の古典として知られるエドマンド・バークの『フランス革命の省察』とウォルター・バジョットの『イギリス憲政論』は明確に民主主義を否定し、寡頭制支配と代議政体を擁護している。

日本では、代議政体と民主主義が戦後改革によって同時に導入され、その組み合わせが「議会制民主主義」と一般には呼ばれているが、代議政体と民主主義も元来、別の概念である。

民主主義はよく知られるように、政治思想史上は古代ギリシアの「民主政 dêmokratia」に遡る概念である。ただし、意思決定過程における構成員の平等な参加、という点ではデヴィッド・グレーバーなどの人類学者が主張するように、バンド単位の狩猟・採集生活をする共同体に親和的なシステムとも言える。その意味では、民主主義は必ずしも近代的な概念ではない。したがって、米国憲法の民主主義的な部分はイロコイ・インディアンの影響が強い、とされるのは偶然ではない[1]。

逆に立憲主義およびそのコロラリーとしての「法の支配 rule of law」それを保証する制度としての代議政体の起源は中世ヨーロッパにある。

たとえば、立憲主義のモデルとされる英国における――成文法としての憲法を持たない――最初の憲法と見做されるマグナ・カルタ制定は一二一五年であり、「議会 parliament」の最初の招集は一二六五年である[2]。

またこの時代の哲学者トマス・アクィナスは、暴君に対する抵抗権を理論化していた[3]が、イングランドでは議会が抵抗権を行使する主体となる。一七八九年に始まるフランス革命においても、

1　実際、一七、一八世紀の北米大陸への入植者たちは、先住民部族構成の原理と文献的に知っている古典古代の政体の間の類似性を強く意識していた。この点に関してはD・グレーバー、D・ヴェングロウ『万物の黎明』酒井隆史訳、光文社、二〇二三、第二章「よこしまなる自由」参照。

2『イングランド憲法史』の著者、F・W・メイトランドは、英国の「国制 constitution」の一三世紀からの連続性を強調し、現在の英国学界でも「メイトランド史観」的な見方が圧倒的に優勢だと言えよう。したがって、E・ホブズボームと同世代の左派の歴史家、特に中世史のロドニー・ヒルトン、近世史のクリストファ・ヒルなどの研究は現在では完全に周縁化されている。英国歴史学界内部での闘争については、第六章「越境する世界史家」を参照してほしい。

3　トマス・アクィナスは、統治の正統性は人民に由来、政体としては――神聖ローマ帝国を念頭において――選挙君主制が望ましいとし、君主＝皇帝が自然法から逸脱した統治を行なった場合、選挙において皇帝は解任されるとする。もちろん、神聖ローマ皇帝の選挙権を有するのは、アクィナスの時代六選帝侯（一二八九年以降七選帝侯）であるけれども。ただし、アクィナスの「自然法」は近世以降の自然法とは異なる。

三部会と呼ばれる身分制議会と王権との闘争が導火線になったことはよく知られている[4]。

さて、自由主義をめぐる風景が登場するのは、一六世紀、一七世紀のヨーロッパ全土を巻きこんだ宗教戦争の時代である。血で血を洗う、この全欧的な内乱を妥協へと――国家主導の下――主導するために近代自由主義思想・制度が前景化してくる。この過程で中世以来の立憲主義と近代自由主義が交差することとなる。

したがって、この時点での自由主義の自由とは内面・良心の自由、つまりキリスト教内部での信仰の自由を中心に据えたものである[5]。

このことは、同時に政治と宗教を分離することを意味する。この流れに属する思想家として、フランスでは「主権 souveraineté」概念の創始者であるジャン・ボダンが属した「ポリティーク」と呼ばれるグループ、イングランドではトマス・ホッブスの名を挙げることができる。してみれば自由主義はその出発点において、宗教内乱を収束させる「強い国家」への待望とともに出現したことになる。

ただし、英国ではピューリタン革命[6]中に『失楽園 Paradise lost』で知られる詩人ジョン・ミルトンが政教分離の共和制を前提として、内面の自由以外に思想表現の自由、言論の自由、出版の自由を主張した『アレオパジティカ』[7]を上梓している。

その後、イングランドではチャールズ二世による「王政復古 Restoration」への揺れ戻しがあるものの、一六八八年の名誉革命によって王権に対する議会の優位がほぼ確立する。補足しておけば、英国においては元来議会が最高裁を兼ねており、司法および行政も、議会に従属する。この名誉革命体制の代表的なイデオローグがジョン・ロックであり、ロックは「立法権　legislative

4 フランスにおいては、一六世紀の宗教内乱の時代、まずカルヴァン派から一五七八年の聖バァルテルミーの虐殺後に、①「権力は人民の同意に基づく」、②ローマ法（古代）を批判する「ゲルマン」と「ガリア」の「自由」と身分制議会、立憲主義を結合、③「人民　populus /peuple」は「法」から逸脱した「暴君　tyranos」には従わなくてもよい、とする抵抗権理論が提出される。この理論の支持者は「モナルコマキ　暴君征伐論者」と呼ばれる。ところが、王権が「ポリティーク」的立場からユグノー（カルヴァン派）への寛容を示すと、カトリック「同盟　Ligue」が同様の論理を展開し、実際にアンリ三世、さらにナントの勅令、「パリはミサに値する　Paris vaut bien une messe」の言葉で知られるアンリ四世（アンリ・ド・ナヴァル）を暗殺するに至る。「リーグ」の理論に拠れば、制度的に王権を制限するのは、三部会となる。一六一四年を最後に三部会は一七八九年まで開かれることはなかったけれども、こうした発想は一八世紀啓蒙の一部、とりわけモンテスキューにまで脈々と受け継がれることになる。『法の精神』第六編第八章に「自由はゲルマンの森から来る」という有名な一節があり、司法権の立法権に対する独立を唱えたのは、その象徴とも言えよう。

5 したがって、この時点ではユダヤ教、イスラム教、そして無神論は「内面・良心の自由」の適用外である。ただし、J・ミルトンとB・スピノザは重要な例外である。とりわけスピノザにおける「寛容」はJ・ロックの自由主義より、また一七・一八世紀のオランダで認められた範囲よりはるかに広い。

6 現在、英国では「ピューリタン革命　revolution」とは呼ばず、「イングランド内戦　civil war」と概念化する保守派の歴史像が圧倒的な力を持っている。しかし、仮にも国王を議会の名の下に処刑した一連の動乱を単なる「内戦」と呼ぶのは適切であろうか？　筆者は、やはり「革命」の名が相応しいと考える。

7 「アレオパジティカ」とはアテナイの裁判所があった場所。ここでも、共和制ないし民主政を志向する論者の参照枠が中世ではなく、古代であったことは示唆的である。

power」がすなわち「至上権 supreme power」、事実上の主権であるとする[8]。

同時にロックは思想（信仰）、言論、結社の自由を強調した[9]。ここにおいて、議会主権体制の「強い国家」と結合した近代自由主義の原型が思想的にも制度的にも確立したと見ることができよう。

ここで注意する必要があるのは、ロックに始まる近代自由主義は議会主権体制であっても、決して人民主権体制ではないことである。制度的にも英国は、一八世紀・一九世紀を通じて大地主と金融業者の同盟としての寡頭的代議政体でありつづけ、民主主義には終始一貫して敵対的であった。

フランス革命の際に、思想・文学の領域には、ウィリアム・ゴドウィン、メアリー・ウルストンクラフト[10]、ウィリアム・ブレイク、パーシー・B・シェリー、メアリ・シェリー、そしてジョゼフ・プリーストリー、トマス・ペインなどの民主主義派＝イングランド急進派のグループが誕生したが、暴力的に排除され、逆にE・バークの『フランス革命に関する省察』によって英国寡頭制はフランス革命に対置して保守主義として再定義され、力強く肯定されることになる[11]。

歴史家のリンダ・コリーが大著『イギリス国民の誕生』において記述しているように、第一次世界大戦（以下、WWI）まで英国において「民主主義 democracy」とは意味論的には「少数の過激派」のコノテーションを帯びる言語シンボルだった。イギリスで民主主義がポジティヴなニュアンスをもって語られるようになるのは、コリーや哲学者のJ＝P・サルトルが指摘するように、二〇世紀のWWI以降のことである。

というのも、WWIにおいて、①大衆を動員する「総力戦体制」を構築する[12]、②共和制のフランスと同盟し、③「中欧 Mitteleuropa」の帝政体制であるドイツ、オーストリアに対し西欧の自由と民主主義の大義を掲げる、この三つの必要性から英国では急速に民主主義が肯定的なニュ

8 ただし、ロックは丸山眞男が強調したように、「国家 state」、「主権 sovereignty」という言葉を避け、「政府 government」、「至上権 supreme power」を使っている。丸山眞男は、戦後改革の文脈において「人民の抵抗権と革命権」を基礎づける思想家としてJ・ロックに注目したので、実際のテクストよりもかなりラディカルな解釈になっている。この解釈は、弟子の松下圭一に受け継がれた。しかし、政治思想史的にはロックは、より保守的な思想家である。丸山眞男や松下圭一のロック像は、むしろスピノザの思想に近い。ロックが弁証した名誉革命によってイギリス・オランダ両王となったウィリアム三世（オラニエ公ウィレム三世）は、スピノザが期待を寄せたオランダの共和主義者ヨハン・デ・ウィットの宿敵であった。デ・ウィットは一六七二年にウィレムに政権を奪取された後、兄コルネリウスとともに虐殺された。この際、「静謐」を説く哲学者スピノザは生涯唯一の激情に身を委ね、この虐殺を「野蛮の極致 ultimi barbarorum」と表現したとされる。なお、スピノザにとっても、政教分離と言論・表現・出版の自由は極めて重要な論点であり、「寛容」に関してもロックよりもはるかに徹底したものであった。ロックにおける抵抗権と革命権は事実上、オラニエ公ウィレム三世による、ジェームズ二世の追放を正当化するものである。逆にスピノザの主要著作は一六七二年、オラニエ公統治下のオランダですべて禁書とされた。

9 ただし、ロックにおいてはカトリックと無神論は「寛容」の対象から外されている。英国においてカトリックに対する公的差別——公職と大学からの排除——が撤廃されるのは、一八二九年のカトリック解放法を待たなければならない。

10 M・ウルストンクラフトは『女性の権利の擁護』の著者として近代フェミニズムの祖ともいえる存在であり、W・ゴドウィンはその夫、M・シェリーは二人の間の娘である。

11 M・ウルストンクラフトの『女性の権利の擁護』とT・ペインの『人間の権利』はE・バークへの反論として著された。

12 L・コリーによれば、一八三二年の英国における第一次選挙法改正の最も重要な背景はフランス革命——ナポレオン戦争にともなうプロト「総動員体制」であった。

アンスを帯びるようになったからである。

実際、代議制体と民主主義の妥協とも言える普通選挙権は、英国では男性にＷＷＩ終結の年一九一八年、女性には遅れて一九二八年に与えられた。

しかし、普通選挙権そのものは、画期的な出来事ではあるものの、そのまま代議制民主主義と等置できるものではない。日本の場合、一九二五年に治安維持法とセットで男子普通選挙制度が導入されたが、日本の統治体制がこのことによって代議制民主主義に移行したとは言えない。

何故なら、明治憲法によって大日本帝国の主権は明らかに天皇に存し、統治制度上も陸海軍の統帥権は内閣総理大臣にではなく天皇に属した。つまり、戦後改革以前の日本は、英国的（寡頭制的）な議会主権でさえなかったのである。

戦後、一九五〇年半ばに「大正デモクラシー」という概念が創出されたが、大正時代には「民本主義」と呼ばれていた。というのも、当時は民主主義という概念は明らかに反憲法的であったからである。したがって、「民」の生活・福利の安定を政治＝統治の目的とする、という意味での吉野作造の唱えた民本主義がぎりぎりの妥協のラインであった。

この点に関してはＷＷＩ以前に社会民主党が帝国議会第一党であったドイツ帝政においても同様である[13]。帝国議会の権限は明治憲法下の日本の衆議院と同様に極めて限られたものに過ぎない。逆に「ドイツ皇帝 Kaiser」は、外交権、宣戦布告権、陸海軍の統帥権、議会の解散権を有し、帝国宰相は皇帝によって任命され、また皇帝に対してのみ責任を負った。

プロイセン憲法をモデルとした明治憲法体制においても政府を代表する内閣総理大臣は議会にではなく、天皇に責任を負う。であるから、法制上、内閣は必ずしも議会の多数派から選出されなくてもよい。実際、明治憲法下では、山県有朋的「超然内閣」は合法的に成立、「憲政の常道」と言われた政党内閣は一九二五年から一九三二の五・一五事件までの七年しか持続しなかった。

2　民主主義

さて、一六八八年以来二五〇年以上「寡頭制」代議政体を持続し、自由主義－立憲主義体制のモデルとなってきた英国が、米国を同盟者として「二〇世紀の三〇年戦争」と呼ばれる二度の世界戦争を勝ち抜くために民主主義の旗をも掲げざるを得なくなったこと、これは二〇世紀を民主主義の時代へと否応なく導くことになった。

米国は当初、寡頭制的共和主義国家として出発したが、一九世紀の「ジャクソニアン・デモクラシー」と呼ばれる時代に白人男性に普通選挙権が拡大し、二〇世紀初頭には自己を民主主義国家とイメージするに至っていた。

ただし、「ジャクソニアン・デモクラシー」とは、①カナダ以外の北米大陸を――アメリカ先住

13　このことは明治憲法がプロイセン憲法をモデルとしたことから来る当然の帰結でもある。

民を排除しながら――征服する「マニフェスト・デスティニー」、②南部諸州の奴隷制度は温存する、というトリアーデの一環である。また米国において白人女性参政権が憲法修正一九条によって認められたのは一九二〇年である。

してみれば、米国のデモクラシーは、WWI以前の段階では、白人男性のみの民主主義体制と位置づけることができよう。このことは、一九一七年に参戦を決定した民主党[14]のウッドロウ・ウィルソン大統領が、ハイチ・ドミニカを保護国化、メキシコ革命にも干渉した帝国主義者であり、また黒人差別主義者であったことに象徴的に表れている。

とはいえ、WWIにおける英仏米連合、そしてWWIIにおける英米ソ中連合は、現在に至るまで国際秩序（国連 United Nations ＝連合国）の正統性を自由主義－民主主義体制とその敵という構図として描き出すことを決定的にする。と同時に世界戦争に対応するために構築された総動員体制も、犠牲となる大衆側への譲歩を後押しした。税制における相続税、累進課税、社会保障システムの構築、そして女性への参政権付与などはそうした傾向の表れである。

さらに、WWIIにおいて三〇〇個師団以上のドイツ国防軍、武装SS、ファシズム・イタリア軍、加えてフランコ支配下のスペイン義勇軍を、地上戦においてほぼすべて引き受け、二五〇〇万人以上の犠牲者を出したソ連との同盟は、民主主義というシンボルを不可欠なものとした。

ここで、自由主義、民主主義、社会主義の三つの概念について少し考えておこう。

平等という観念は、民主主義、社会主義に親和的に響くかもしれないが、事はそう簡単ではない。

たとえば、家族の領域以外の民刑事上の平等は、自由主義と矛盾しない[15]。実際、一九世紀の英国のように、民刑事上の平等と政治的不平等、つまり参政権の制限は寡頭制的自由主義体制において長く両立していた。これを市民権の概念に翻訳すれば、「一級市民」と「二級市民」、あるいはフランス革命の際にシエイエスが主張した「能動市民」と「受動市民」ということになる[16]。

民主主義体制という概念に収まるためには、最低限、参政権の平等が必要である。それに加えて、明示的であれ、非明示的であれ[17]、主権在民であることで体制として民主政体と分類することが可能になる。

14　この時点での民主党は南北戦争の際の南部連合を中心にしたグループである。ウィルソン自身もヴァージニア、南北カロライナ、つまり南部連合の中核地域において自己を形成し、政権にも南部出身者を多数起用。その結果として南部諸州ではウィルソン時代に人種隔離政策が拡大していくこととなった。

15　ゆえに、リベラリズムの「公私の分離」は私的領域での不平等を隠蔽するものとしてWWII以後フェミニズムから激しく批判されることになる。その後、リベラリズムと同盟したフェミニズムの展開によって、米国・英国での高学歴・富裕層でのジェンダー・ギャップは著しく縮小した。今後は、非高学歴・貧困層におけるジェンダー、つまり階級とジェンダーの関係が前景化していくものと思われる。

16　一七八九年の『第三身分とは何か』の冒頭で「第三身分派とは何か——すべてである」として身分制の廃止を唱え、「二つの国民」の誕生を主張したシエイエスが「国民」をあらためて分割することを提案したことは一見矛盾している。しかし、シエイエスを自由主義思想家と考えれば、非富裕層、女性、外国人を「受動市民」＝二級市民として差別化したことはむしろ自然なこととも言える。他方、ロベスピエールは、シエイエスのこの「二つの国民」、「二つの権利」を批判し、民主主義の概念を提出していくのである。

17　たとえば、現在の英国のように、成文憲法を有さず、明示的には主権在民の規定がない体制のこと。

たとえば、WWⅠ以前のドイツ帝国や一九二五年以降の大日本帝国は、なるほど男子普通選挙制を導入してはいる。ドイツ帝国に至ってはビスマルクの政策によって、社会保障に関しては英国よりかなり先行していたとさえ言える。しかし、両帝国とも主権在民ではない、という先に述べた理由によって、自由主義－立憲主義体制ではあっても民主主義体制ではない。

『シティズンシップと社会的階級』のトマス・H・マーシャルの概念を援用して整理すると、「自由権 civil rights」及び「政治権 political rights」の平等が満たされており、かつ「統治 governance」および「政府 government」の正統性が「人民 people」にあること、これが自由主義－民主主義体制のミニマムな定義となる。

さて、ここで問題となるのが、マーシャルが「社会権 social rights」と分類した領域である。法学的概念として見れば、労働権や教育・社会保障への権利がこれにあたる。

WWⅡ後の北側諸国においては、「黄金の三〇年 Les Trente Glorieuses」と呼ばれる人類史的スケールにおいても例外的な経済成長を背景にして、いわば階級妥協として自由主義－民主主義体制は——資本主義を前提として——社会権を容認してきた。一九四九年に発表されたマーシャルの論文自体がWWⅡ後のイギリス福祉国家計画であるベヴァレッジ・プランと連動して構想されたものである。

しかし、一九七〇年代末からの新自由主義グローバリズムの展開とともに、社会権的なものは急激に縮小してきた。と同時に福祉国家と社会権を徹底して攻撃するハイエクやフリードマンのようなシカゴ学派的な言説が前景化する。マーガレット・サッチャーの「社会なるものは存在しない。存在するのは、国家と個人、それに家族だけである」という有名な宣言は、まさにこの文脈において発せられたのである。

では、社会権が存在しないシステムは自由主義‐民主主義体制ではないのか？　形式的にはたとえ社会権がなくても、自由権と参政権の平等、それに主権在民であれば、それを自由主義‐民主主義体制と呼ぶことは可能である。

ただし、歴史的には参政権の平等と社会権、それに主権在民は――雁行的にではあれ――並行した。つまり、二〇世紀における民主主義への移行は同時に社会権の成立と結びついていたと言える。

また新自由主義的再編によって中間層が解体し、少数の富裕層と多数の貧困層に二極化すれば、「多数者 multitude」は主権を行使して、社会権をとり戻すことが――他の条件を捨象すれば――予測される。

しかし、新自由主義グローバリズムによる再編が開始されてから半世紀が経過したが、中間層の解体と社会権の縮小は未だ留まるところを知らない。これはどうしたことであろうか？

T・H・マーシャルとベヴァッレッジ・プランに立ち戻れば、両者とも資本主義体制を前提とした、再分配の問題の延長線上に構想されたものである。当然、資本主義体制そのものを批判するものではない。

ここに資本主義体制に対する根源的な批判として、社会主義の問題が浮上する。結論を先に言えば、二〇世紀における自由主義－民主主義体制とは、一九世紀には民主主義とほぼ同一視された社会主義からの異議申し立てへの一定の譲歩として成立した。またWWⅡ後の福祉国家システム＝社会権の成立もまた同断である。民主主義に先行した、ドイツにおける社会保障システムの構築にしても、一九世紀末における社会主義勢力の急激な伸長への対応・譲歩であることは明白である[18]。

とすれば、次に、社会主義とは何か、という問いに答える必要があるだろう。

3 民主主義と社会主義

社会主義とは、プラトンやトマス・モアにまで遡ることができる「占有」（ないし個体的所有）も否定した「ユートピア的共産主義」とは異なり、一九世紀に「社会」という概念が前景化するとともに登場した、比較的、「新しい」思想・運動である[19]。

とりわけ、一八三〇年の七月革命以降、英国モデルを自覚的に志向した七月王政下のフランスでは、産業革命と都市化の急激な進行とともに、「政治」＝「国家」とは異なる「社会」についての言説が一挙に噴き出してくる。共産主義との関係で言えば、共産主義は「国家」と「社会」の区別以前の思想だとすれば、社会主義は「国家」と「社会」の区別を前提とした思想だと言えるだろう。

ここで、古代の民主政も国家と社会の区別を知らなかったことを付け加えておいてもいいだろう。ギリシア・ローマにおける「ポリス polis」、「キヴィタス civitas」はあくまで人的団体であり、この規模は——とりわけポリスにおいては——直接対面可能な規模であることが望ましい、とされる。アリストテレスの『政治学』によれば「一目によく見渡すことができる」範囲、「お互いにどんな性質のものであるかを知っている」範囲、ということになる[20]。したがってプラトンの『ポ

18　一八七五年に結成された社会主義労働者党は、一八七七年の帝国議会選挙で得票率九%、一二議席を獲得した。それに対しビスマルクは社会主義者鎮圧法によって応え、同党は一八九〇年まで非合法化され、指導者のヴィルヘルム・リープクネヒト、アウグスト・ベーベルも長く投獄される。しかし、鎮圧法が失効した一八九〇年の選挙では、改組された社会民主党（SPD）は得票率一九%で第一位、一九一二年には得票率三四・八%で議席上も帝国議会第一党となった。

19　したがって、K・ポパーが『開かれた社会とその敵』で「国家」と「社会」の分離を前提としたヘーゲル・マルクスを古代ギリシアのプラトン、アリストテレスにまで「起源」を遡り批判しているのは、歴史的感覚の「貧困」を露呈した全くの「アナクロニズム」でしかない。

20　ただし、このことはポリスにおけて分業や社会的格差が存在しない、ということではない。古典ギリシアは、黒海・東地中海に展開された都市商業文明である。当然、分業や格差は存在する。「民主政」は、むしろ分業や格差を前提として、「自由人の共同体」に「平等」を組み込むために、ある時期から考案されたシステムである。何と言っても、『イリアス』、『オデュッセイア』で知られるミケーネ文明時代、ギリシアのポリスは王政だったのである。とはいえ、この時代の王は「自由人の共同体」の「第一人者」に過ぎず、王政といっても行政官僚組織も備えていない、極めて不安定なものではあったけれども。この点ではミケーネ時代の王はピエール・クラストルが『国家に抗する社会』で扱ったグアヤキ族の王のように、極めて権力が制限された存在であったと推定される。

リテイア Politeia』は通常『国家』と訳されているけれども、近世・近代以降の「国家 State, République, Etat」とは全く別の概念である。

さて、一九世紀フランスにおいては、国家が行政的に産業および社会を管理する型のコント・サン゠シモンからエミール・デュルケームへとつらなる社会学的言説、国家から自立した共同体を目指す、フーリエ型のユートピア主義、そしてそのどちらにも分類できないピエール゠ジョゼフ・プルードンのような個人主義的社会主義が入れ乱れた状態が一八四八年の二月革命を経て、一八七一年の普仏戦争、パリ・コミューンまで続くこととなる。

ここで、日本ではほとんど知られていない「個人主義的社会主義」についてごく簡単に説明しておこう。

フランス革命の衝撃と一九世紀前半の社会の激変によって、アンシャン・レジームの社団国家的統合（二宮宏之）が解体していく過程で、旧来のコルポラシオンに組織化されていた職人集団の流動化が始まる。この職人集団の流動性を背景としてアソシアシオン（結社）型の社会主義が前景化してくる。この個人主義的社会主義は、自由を至上の価値とし、法的概念としては私的所有権を批判しつつも、個人の占有権は支持する。「私的所有 propriété」とは「盗み vol」であるとしたP゠J・プルードンが「占有 possession」を擁護したことは、この当時の「個人主義的社会主義者たち sociaux - libértaires」たちの「心性 mentalité」を象徴する。

こうした文脈におけば、当初、共産主義者だったカール・マルクスは、『唯一者とその所有』の著者、マックス・シュティルナーやプルードンの影響下に次第に「社会」主義の立場に移行したと位置づけることもできる[21]。

そしてフランス革命後一〇〇年を期して、一八八九年には第二インターナショナルが仏独を中心とした大陸欧州の社会主義派と急進民主主義派の国際主義的な連合体として成立する[22]。

この第二インターナショナルこそが現在の社会民主主義の直接の起源であり、一九一七年のロシ

21 もちろん、マルクスは『聖家族』や『哲学の貧困』でシュティルナーやプルードンを批判してはいる。しかし、両書で展開されている批判は、現在の学術的観点から見れば、論争にありがちな「ためにする」論難にすぎない。むしろ、マルクスがシュティルナーやプルードンを批判するために、あえて両者を「読みこんだ」という事実が重要であろう。平田清明は、『経済学批判要綱』や『経済学批判』また『資本論』仏語版などの「読み」を通じて、マルクスにおける「私的所有」と「個体的所有」の区別を抽出したが、これは端的に言って、シュティルナーやプルードンの「痕跡」なのである。この点については住吉雅美『哄笑するエゴイスト　マックス・シュティルナーの近代合理主義批判』風行社、一九九七、森政稔『アナーキズム　政治思想史的考察』作品社、二〇二三、参照。

22 第二インターナショナルについては、J・ジョル『第二インター　一八八九-一九一四』池田清他訳、木鐸社、一九七六、西川正雄『社会主義インターナショナルの肖像　一九一四-一九二三』、岩波書店など参照。

ア革命の中心となったロシア社会民主労働党[23]も第二インターナショナルの――周辺的な――メンバーに過ぎなかった。

しかしプロレタリア国際主義を掲げたはずの第二インターの多数派は、WWⅠ勃発に際しては、戦時ナショナリズムへの加担を選んだ。

ただし、例外も多数あったことも記憶されねばならない。スウェーデン、オランダ、スイスといった中立国の社会民主主義を別としても、米国社会党とアイルランド労働党はあくまで反戦の立場を貫いた。前者の指導者ユージン・V・デブスは、一九一八年スパイ容疑で逮捕、一九年には禁固一〇年の刑が確定、収監される。しかし、デブスは一九二〇年の大統領選に獄中から立候補し、三・四%を得票する。また、ジェームズ・コノリーは英国からのアイルランド独立を求めた一九一六年のイースター蜂起に参加、処刑された。

またスコットランドの炭鉱労働組合のリーダー、独立労働党のケア・ハーディはインド自治や南アフリカのアパルトヘイト廃止を主張、WWⅠ勃発の際にもゼネストによって参戦を阻止しようとする。この試みは成功はしなかったものの、ハーディはイギリスにおける「良心的徴兵拒否者」を支援し、反戦デモに参加しつづけた。

レーニンによって「背教者」とレッテルを貼られたカール・カウツキー、エドゥアルト・ベルンシュタイン[24]、フーゴー・ハーゼ等のSPD内部の平和主義者は一九一五年には戦争反対の立場に転じ、一九一七年にはドイツ独立社会民主党を結成、これにはローザ・ルクセンブルク、カール・リープクネヒトも参加した。

さらにフランス社会党（SFIO）指導者のジャン・ジョレスの名を忘れてはなるまい。E

23　一八九八年に設立されたロシア社会民主労働党（POSDR）内部の「多数派」が「ボルシェヴィキ」であり、「少数派」が「メンシェヴィキ」である。ボルシェヴィキの指導者がレーニンであり、コミンテルン初代議長ジノヴィエフ、カーメネフなど主要メンバーとする。メンシェヴィキはプレハーノフ、マルトフ、アクセルロートなどに加えてトロツキーも元来この派に属した。なお、一八九八年の設立にはユダヤ・ブント（Bund）が大きな役割を果した。ただし、あくまで「アシュケナージ」としての文化自治を目指す「ユダヤ・ブント」は程なく社会民主労働党と決裂する。とはいえ、ロシア帝国内部でのブントの影響力はかなり大きなものであり、スターリンによってソ連内部で抹殺された後も、両大戦間のリトアニア、ポーランド議会ではかなりの比重を占めた。またロシア帝国内部の社会主義運動全般におけるユダヤ人が果たした役割には――人口比を考えると――目を見張るものがある。当時のユダヤ系の政治的青年の選択肢は三つ。ブント、社会民主労働党、それにシオニズム左派の社会主義運動、「ポアレ・ツィオン Poale Zion」である。たとえば、先に挙げたPOSDRの主要メンバーのうち、レーニンとプレハーノフを除くと、全員ユダヤ人となる。またローザ・ルクセンブルクとともにポーランド・リトアニア社会民主党からSPDへと移り、さらに一九一七年にはボルシェヴィキに入党、続いてドイツに戻ってドイツ共産党（KPD）結成を誘導、一九二三年までロシア共産党中央委員、コミンテルン書記として「活躍」した、「多言語話者 polyglotte」カール・ラデックもユダヤ系である。

24　ピューリタン革命時に『自由の法の綱領』（一六五一）を書いたウィンスタンリを中心とした「直耕派 Diggers」を「再発見」して評価したのはエドゥアルト・ベルンシュタインである。またカール・カウツキーも、『キリスト教の起源』において原始キリスト教に「社会主義」の原型の一つを読み込んでいる。こうした、社会主義者による歴史の「再解釈」の伝統は、宗教改革期の再洗礼派を扱ったフリードリヒ・エンゲルスによる『ドイツ農民戦争』（一八五〇）まで遡ることができる。ここでエンゲルスはT・ミュンツァーを中心とした再洗礼派・農民・都市と領主・貴族との戦争を、ある種の「階級闘争」として再解釈したのである。

NS（パリ高等師範学校）卒業後、ジョレスは哲学教授を経て政治家に転じ、死刑制度の廃止と帝国主義戦争反対・平和主義を唱えつづけたが[25]、WWI勃発・総動員発令の前日、狂信的ナショナリストによって暗殺された。これに対し、マルクス主義の指導者ジュール・ゲードは戦時内閣に協力する道を選ぶ。その意味で、ジョレスはフランス社会主義の「名誉を救った **sauver l'honneur**」と言えるだろう。フランスではJ・ジョレスの名は今日に至るまで伝説となる。

さて、ここで社会学的言説と比較しながら、一九世紀の「社会主義」についてのミニマムな定義——ただし歴史から抽出された——を試みておこう。

まず、第一に資本主義体制を「搾取のシステム」として規定すること。

これは国家と区別された社会内部にも資本と労働という亀裂を見出すことと連動している。資本は労働から搾取し、搾取によって得た資源をさらに再投資する。この資本の再投資の無限反復がシステムとしての資本主義の定義である。

つまり、資本は富を単に蓄積するのではなく、つねに新たな再投資へと反復するシステムとして機能する。逆に言えば、この無限の再投資への反復を停止すれば、資本主義は崩壊する。比喩として資本主義が常に加速していないと転倒してしまう自転車や泳ぎつづけないと海底に沈んでしまうサメにたとえられるのは、この理由に拠る。

また、搾取のコロラリーとして資本主義社会は原理的に不平等に憑きまとわれることになる[26]。言い換えれば、資本主義と提携とした「自由主義－立憲主義」はたとえ民刑事上の平等を定めていたとしても――政治的不平等だけでなく――社会的・経済的不平等を前提としたシステムである、ということになる。

これに対し、社会主義は自由とともに平等、それも単なる民刑事上の法的平等ではなく、経済的・社会的平等を主張する。つまり「自由なしの平等」＝共産主義でもなく、「平等なしの自由」＝自由主義でもない、「自由にして平等」を価値として措定することが、社会主義のミニマムな定義となる。

他方、サン＝シモンからデュルケームに至る社会学的言説は、むしろ「社会」の一体性を強調する。たしかに近代への移行にともない、分業は不可避となった。もはや「共産主義的」なユートピアは不可能である。しかし、分業がそれぞれ「その所を得る」ことによって、システムとしての社会はより効果的に作動することができる。

この「社会的分業」という概念は一八世紀までの「原子論的個人主義」という仮説を無用のものとする。近代個人主義は単なる自然法的仮説ではなく、社会的分化という「現実」に依拠

25 フランスの社会主義者たちは、帝国主義戦争に反対する戦略として「ゼネスト grève genérale」を構想していた。『暴力論』のG・ソレルが「神話的暴力」に対置した「神的暴力」とはゼネストのことである。そして、この思考の系譜は『暴力批判論』のW・ベンヤミンへと受け継がれる。

26 この「労働の搾取」という概念は――とくに日本では――マルクスの『資本論』と結びつけて理解されているが、すでにリカード左派が提出していたものであって、それ自体はマルクスの独創ではない。

した「有機的連帯」と手を携えるのである。ここに現在にまで至る社会システム論的個人主義が誕生したと言えよう。

政治統合の主体としての国家の役割に関しては両者ともに懐疑的である。

一七八九年のフランス革命の際には、すでに経済的・社会的不平等の弊害は明らかであったので、ロベスピエールやマラーなどの「ジャコバン中央派・左派」は、国家主導による不平等の是正を意図し、その試みを「民主主義」と呼んだ。

しかし、一九世紀における社会主義者の多くは、フーリエにしてもプルードンにしても、中間集団を解体し、個人と国家を両極析出するジャコバン主義的国家に対しては批判的であった[27]。P＝J・プルードンの『一九世紀における革命の一般理念』では、ジャコバン派とルソー主義に対して激しい論難が展開されている[28]。

サン＝シモンからデュルケームに至る社会学的言説も、「国家」＝「政治」の役割は社会的分業が進んだ近代においては、極めて限られたものに過ぎず、むしろ社会内部で個人を直接包摂する中間集団の機能を（再）評価する。国家はこの中間集団の行政的再組織化に主な力を注ぐべきなのだ。

フランス革命時の「中間集団の解体」から「中間集団の再組織化」へ。これは劇的な転換と位置づけられる。少なくとも、この段階では個人を直接国家が掌握することはいまだ困難であり、家族、組合、教会、企業などの個人を直接包摂する中間集団を通じて——少なくも平時には——

間接的に統合する道が選ばれたのである。

この転換はフランスのみならず、英国、ドイツ、米国でも一九世紀から二〇世紀にかけて進行する。いわば、ここにおいて、「初期近代 early modern」とは明確に区別される、「近代」が出現したと言えよう。この延長線上に現代政治学が言うところの「コーポラティズム」国家を位置づけることもできる[29]。

中間集団による統合と再配分を重視したレオナルド・T・ホブハウスの「新自由主義」論、デュルケームの弟子でもあるレオン・デュギーの「社会連帯主義」、オットー・フォン・ギールケの「団

---

27 ただし、「各人がその才能に応じて生産し、その必要に応じて消費する」という言葉で知られ、一八四八年革命の際に臨時政府に参加したルイ＝ブランは、労働時間の短縮や国立作業場の設立を行なった。けだし、革命政府の閣僚という立場からは当然の選択であろう。

28 中間集団を解体し、個人と国家を両極析出するジャコバン主義的理念とフランス社会主義の緊張関係については、拙著『知識人と社会　J＝P・サルトルにおける政治と実存』岩波書店、二〇〇〇年、『ファシズムと冷戦のはざまで』東京大学出版会、二〇一九年を参照していただければ幸いである。

29 ただし、狭い意味での「コーポラティズム」的統合を完成したと言えるのは、WWII後のドイツ、オランダ、スウェーデンなどに限られる。ネオ・コーポラティズム的統合を福祉国家の特徴とすれば、米国政治はついにこの水準に達する前に新自由主義的再編の段階に入ったと見做すことができる。またフランスは、社会学的言説や「社会連帯」主義の概念の発祥の地でありながらも、社会を通じた個人への国家統合に関しては脆弱でありつづけた。優生学的断種政策がフランスでのみ実施されなかったことや、アナーキズム的ハビトゥスが二〇世紀になってもなお、文学や芸術の空間で支配的であったことは、そのことを如実に示している。

体 Genossenschaft」論、米国のシカゴ社会学派の「エスニシティ」概念の提出などは、すべてその流れに沿ったものと見做すことができる。

無論、こうした社会学的「近代」の言説は国家を否定するのではない。ただ、国家の役割を社会内部の中間集団相互の調整に限定・集中することを提起したのである。フランスにおいては、第三共和制がまさにデュルケーム、デュギーの名に象徴される「社会国家」への道を歩んだことになる。

また社会学的言説は国家統合のイデオロギーとしてのナショナリズムには——デュルケームに見られるように——ほぼ全面的に加担する。社会政策学者としての一面をもつマックス・ウェーバーのWWI時のウルトラ・ナショナリストとしての姿も決して偶然でない[30]。英国ではホブハウス、ウィリアム・ベヴァレッジ、そしてT・H・マーシャルは、直接の継承関係にあり、LSE（ロンドンスクール・オブ・エコノミックス）を牙城としてフェビアン協会とともに英国の社会民主主義右派の中核となっていった[31]。

これに対し、P＝J・プルードンを象徴とする個人的社会主義者たち（sociaux libértaires）は、国家やナショナリズムへの包摂を拒否する。この態度の帰結として、社会主義者は死刑廃止と反軍国主義を強く主張することになる。というのも、死刑と戦争とは、暴力を合法的に独占したと主張する国家による殺人に他ならないからだ。

この死刑廃止と反軍国主義は、一八八九年に結成された第二インターナショナルの大義でありつづけた。何と言っても、ロシア社会民主労働党でさえ、一九一七年にボルシェヴィキが権力を掌握するまで死刑廃止と反軍国主義を掲げていたのである。したがって、プロレタリア国際主義を唱えた第二インターナショナルがナショナリズムへの動員を批判していたことは言うまでもない。

さらに、個の自由を至上の価値とするフランスの社会主義者たちは、中間集団への個人の包摂をも警戒していた。

無論、アリストテレスやハンナ・アレントが主張したように、「ヒト」はもとより「社会的＝政治的動物 zōon politikon」であって、他者たちとの関わりなくして生きることはできない。このことは、バンドやクランといった小規模な社会を対象とする人類学の知見からも経験的に明らかである。

30 一般にドイツおよび日本においては資本主義の進展と都市化にともなう諸問題は治安問題であると同時に福祉問題であると捉えられた。ビスマルクの社会立法は社会主義者鎮圧法とセットであったし、日本でも都市衛生と社会政策は内務省の管轄であり、総力戦体制構築のために衛生局と社会局が分離され、厚生省が設立されたのは日中戦争開始後の一九三八年である。

31 これに対し、ケア・ハーディの独立労働党はイギリスにおける社会民主主義左派を構成していく。ハーディは独立労働党初の下院議員として、累進税課税、教育の無償化、年金制度の確立、貴族院の廃止、そして女性参政権を主張した。「サフラジェット Suffragettes」の中心人物の一人、エメリン・パンクハーストは独立労働党創設メンバーでもある。またハーディはインド自治や南アフリカのアパルトヘイト廃止を主張、イギリス帝国主義を批判しつづけた。

ただし、一九世紀の個人主義的社会主義者たちは、職人的な自由な結社（association）を核としつつ、結社という中間集団と「個の自由」の緊張関係にも注意を怠らない。

彼らの暫定的な構想は、結社という中間集団の可塑性・流動性と複数の中間集団への同時所属である。このことによって、「個の自由」と「協力の必要性」の二律背反を制度的に調整・緩和できると考えられたのである。

実際、ブッシュマンのバンドは「閉じた共同体」ではなく、構成メンバーが絶えず入れ替わっていく流動体である。このことによって、「個の自由」と「平等性」のバランス、また紛争解決における非暴力性という点においては、ブッシュマンの社会原理は極めて優れている。この問題に関しては、いまだブッシュマンのバンド原理に勝る「社会」は経験的に発見されていない、と言ってよい[32]。

したがって、一九世紀のフランスの個人主義的社会主義者たちの社会構想は、現在の観点からはブッシュマン型に極めて類似している、と位置づけることができるだろう。ウィリアム・モリスやG・H・コールの「ギルド社会主義」が次いでブッシュマン型に近接する。このことは、フランスの個人主義的社会主義や英国のギルド社会主義の支持者たちが主に職人集団であったことに由来している。この当時の職人集団のハビトゥスは、まさに「個の自由」の至上性と「協力の必要性」のバランスにあったからだ。

しかし一九世紀末から二〇世紀初頭かけての第二次産業革命と呼ばれる重工業化の加速、株式会社を典型とする組織資本主義への転化[33]、国家主導のプロト社会保障の整備などは、個人主義的社会主義の空間を、次第に狭めていく。

二〇世紀初頭には、欧州の中での個人主義的社会主義は、「アナルコ・サンディカリズム」と呼ばれるフランスの労働運動にほぼ限定されることになる。

実際、巨視的な観点から見ても、この組織資本主義、そしてWWIという総力戦体制によって、近代から現代へと世界システムは移行した。

この近代から現代への移行を分析したものが、現代社会科学の古典群を構成する。

株式会社を中心とする大企業については、ソースティン・ヴェブレンの『企業の理論』とバーリ・ミーンズの『近代株式会社と私有財産』、そしてWWIにおけるドイツの総力戦システム構築の責

32　ただし、人類学が対象とする社会は、各々の特性をもっており、必ずしも紛争を非暴力的に解決するわけではない。ピダワンなどはブッシュマン型であるが、ヤノマミ、グアヤキ、アボリジニは非常に好戦的である。ちなみにブッシュマンの社会原理は太古の昔から連綿と続いてきたものではない。歴史的にある時期から、意図的に採用されたものである。したがって、同じ「ヒト」である以上、現代社会にも、この原理を応用する可能性は「開かれている」と考えるべきだろう。なお、付け加えておけば狩猟採集社会であるブッシュマン社会は決して無所有社会ではない。個々のブッシュマンは「自分のもの」への強い執着を示し、またかなりの「エゴイスト」でもある。

33　K・マルクスが『資本論』第一巻を執筆していた際には、まだ株式会社は一般には存在していなかった。英国で東インド株式会社のような国王勅令にもとづくものではない、有限責任の株式会社が法人として可能になるのは一八六二年以降である。したがって当然のことながら、『資本論』では一九世紀後半以降の「組織資本主義」、つまり現代資本主義体制は分析されていないのである。

任者でもあったヴァルター・ラーテナウの『株式会社論』[34]。企業の巨大化にともなう金融資本の前景化については、ルドルフ・ヒルファーディングの『金融資本論』。国家行政の拡大にともない肥大化する官僚制に関しては、ヴィルフレド・パレート『一般社会学』、ガエターノ・モスカ『支配する階級』、ロベルト・ミヘルス『現代民主主義における政党の社会学――集団活動の寡頭制的傾向についての研究』、それに最後にウェーバーの官僚制と合理性に関する考察。

イギリスにおいてはフェビアン協会の創設者でもあるグレーアム・ウォーラスが提起した「巨大社会」という概念をLSEにおいてハロルド・ラスキが批判的に継承、『政治学大綱』を著す。これに対し、ジョルジュ・ソレルの『暴力論』は、アナルコ・サンディカリズムを参照しながら、この「組織の時代」への抵抗を模索したテクスト、と位置づけられる。

ここで特記しておくべきは、この現代資本主義への展開は、同時に一六世紀以来のヨーロッパ植民地主義の完成形態としての帝国主義と連動し、このことによって地球は二〇世紀初頭には欧米を中核とする世界システムにほぼ包摂され尽くされた、ということである。

この問題に関する分析としてはジョン・A・ホブソンの『帝国主義論』が突出し、続いてローザ・ルクセンブルクの『資本蓄積論』となるだろう。ルクセンブルクの視点は一九七〇年代以降のドイツのフェミニストたち、マリア・ミースやC・V・ヴェールホフたちの『国際分業と女性』、『世界システムと女性』などに――更新されながら――継承されていく。

このような近代から現代への移行に対応して、社会主義運動の多くは政党と産別労働組合を中心とした巨大組織へと変貌していく。また国民多数の支持を得るにしたがって、世界システムの中核国家の社会主義政党は、当初の反植民地主義を次第に後退させる。

というのも、この世紀転換期は、同時に帝国主義とナショナリズムの時代であり、中核国家においてほど、その波は大きかったからだ。第二インターの中心であったドイツ社会民主党は結党以来、植民地に原則反対であったけれども、勢力が拡大するにつれ支持者のナショナリズムに譲歩を迫られることとなり、ついに一九〇七年には「文明化の使命」として「社会主義的植民政策」を認めるに至った。

またSPDの巨大化は政党と組合の官僚制化をともない、ミヘルスなどが反体制運動、とりわけ政党の中での「寡頭制」を問題にするに至る。フランスにおいてソレルが『暴力批判論』においてアナルコ・サンディカリズムに期待を寄せるたのもこの文脈である。

第二インターナショナルは一九〇七年シュトゥットガルト、一九一〇年コペンハーゲン、一九一二年バーゼルの各々の大会において、プロレタリア国際主義にもとづく「帝国主義戦争反対」を繰り返し決議したが、一九一三年にはドイツSPDは軍事予算への態度に関して分裂する。

一九一〇年のコペンハーゲンでは、旧世代の英国のケア・ハーディとフランスのエドゥアール・

34 W・ラーテナウは、米国のGEと並ぶドイツの多国籍電機メーカー、コンツェルンAEG会長、ユダヤ人。WWI後、ワイマール憲法の起草者フーゴー・プロイス、M・ウェーバー、A・ウェーバーなどとともにドイツ民主党（DDP）の設立に参加した。外務大臣として一九二二年ソ連とラパロ条約を締結したが、極右組織コンスルによって暗殺された。

ヴァイヤンがゼネストによる帝国主義戦争阻止を訴えたが、一九一四年のWWI勃発の際には、ハーディは引退、ヴァイヤンはすでに他界し、最後の希望と見られたJ・ジョレスは暗殺された。したがって、ドイツ社会民主党多数派の「城内平和」はすでに組織利害としては「選択」されていたのである。

4 社会民主主義の分裂と共産主義の呪縛

WWIの結果、総力戦システムへの移行に失敗したロシア帝国は一九一七年に自壊。この「権力の空白」を捉えてレーニンを指導者とするボルシェヴィキはクーデター的に「革命」を決行。続いて、一九一九年にコミンテルンを結成、二一年の「ジノヴィエフ二一カ条」の「踏み絵」効果によって、二三年までに世界中の社会民主主義は共産主義と社会民主主義に分裂した。

この共産主義と社会民主主義への分裂・対決の構図は、E・ホブズボームのいわゆる「短い二〇世紀」の間、ついに崩れることはなかった。

スターリン批判後に出現したイタリアの構造改革路線、あるいは日本のそれも、あくまで「共産主義」の正統性を前提とした改革運動であった。確かに一九七〇年代エンリコ・ベルリングェリ書記長時代のイタリア共産党の「歴史的妥協」の際には、ソ連と決別する可能性はあった。しかし、「共産主義革命」の呪縛があまりにも強力であったために、一九世紀まで遡って社会主義の理論と運動を検証することは、ほぼ自動的に排除されたのである[35]。

　このことに関しては一九六六年に丸山眞男と日本の構造改革派の佐藤昇との間で行なわれた対論『現代日本の革新思想』が明快に証言している。共産主義者ではない丸山眞男は民主主義と社会主義の連携としての社会民主主義と構造改革との関係を問うが、佐藤はといえば、明らかに理論以前のレベルで社会民主主義の概念を拒否している。丸山は「構造改革は社会民主主義と言えるのではないか？」と執拗に迫るのであるが、佐藤昇はただそれを闇雲に否定する構図に終始している。

　逆にWWⅡ以後、欧州の社会民主主義グループは国際冷戦レジームの中で、西側＝英米との軍事同盟（NATO）への加担を選択する。と同時に、資本主義体制を容認、経済成長の配分を原資とした社会保障システム＝福祉国家構築の路線を歩むことになる。その代償として、NATO加盟国の社会民主主義グループはWWⅡ後の「第三世界」の脱植民地化の動きに対しては、消極的となる。他方、一九一九年のハンガリー革命、バイエルン革命の挫折の後、国際共産主義運動は、東方とりわけ中国革命への支援を開始、国民党の孫文もそれに応えた。またWWⅡ後のアジア・

35 とはいえ、この妥協に「保守」側から応じる可能性があったキリスト教民主党のアルド・モロ元首相が――CIAに踊らされた――極左の「赤い旅団」によって誘拐・殺害されることで、「歴史的妥協」は政治的には米国によって葬られたのである。

アフリカの脱植民地化への動きにも共産主義は社会民主主義より積極的に介入する[36]。

その意味では、日米軍事同盟への加担を拒否しつづけた日本の社会党左派は、グローバル・スタンダードとしては「異端」と見做せるだろう。さらに、一九五五年バンドンで開かれたアジア・アフリカ会議の「非同盟・中立」を支持した、久野収、丸山眞男、野間宏、日高六郎、堀田善衛、加藤周一といった戦後思想家たちは、世界的に見ても、特異な社会民主主義左派、と位置づけることができる。

ただし、ここで補足しておくと、社会党左派の理論・イデロギーはマルクス主義であり、当事者たちは社会民主主義を拒否していた。したがって、戦後思想家たちは国際冷戦レジームによって分断されたユーラシアの西端のJ＝P・サルトルと『現代』と相似的に、東端の「独立左派」ということになる。

さて、一九六〇年代からドイツ、フランス、イタリア、日本などに「新左翼」が叢生したが、これらのグループもあくまで共産主義の正統性を前提とし、「旧左翼」＝共産党を批判した、と今日からは振り返ることができるだろう。日本においては、一九五〇年代初頭の武装闘争路線から撤退した日本共産党から独立した学生中心の組織「ブント」が、すなわち「共産主義者同盟Bund」であったことは、そのことを象徴しているだろう。

しかし、言うまでもなく一九八九〜一九九一年の東欧・ソ連の社会主義体制の崩壊、またそれにも増して一九七〇年代から展開された新自由主義グローバリズムによる再編は、WWⅡ後の国際冷戦レジームを前提にした社会民主主義と新旧共産主義の対立を無効にした。

現在、自由主義－資本主義体制の覇権国家である米国内部でさえ、若年層の間では社会主義体制への支持が過半数を超える、とされる。しかし、この場合の「社会主義体制」の内包と概念もまた民主主義と同じく曖昧模糊としたものであることは言うまでもない。

5　二一世紀の社会主義

実際のところ、社会主義は体制として成立していないのであるから、現在のところ、思想・理念あるいはベクトル・方向性としてしか語ることはできない。

とはいえ、一九世紀には歴史的に複数の「社会主義」が交錯し、その思想・理念は二〇世紀の自由主義－民主主義体制の具体的な制度にも一部反映されてはいる。してみれば、「二一世紀の社

36　ただし、一八一五年以来、「名誉ある中立」を採用し、NATOの非加盟国であったスウェーデンの社会民主主義は例外的に第三世界側を積極的に支援した。また英帝国内部でもチャーチルを代表とする保守党はインド独立を認める意志はなく、一九四七年のインド独立は労働党のアトリー政権下で成立した。もちろん、この際、英国側はインド・パキスタン間の紛争・対立・戦争に至る「地雷」を埋め込んでいたのではあるけれども。国際共産主義と脱植民地化・第三世界主義との複雑な関係については、O・A・ウェスタッド『グローバル冷戦史』佐々木雄太監訳、名古屋大学出版会、二〇一〇、小沢弘明・三宅芳夫編『移動と革命』論創社、二〇一二、V・プラシャド『褐色の世界史』粟飯原文子訳、水声社、二〇一三などを参照。

会主義」について、自由主義‐民主主義体制との比較から、素描することはまったく不可能というわけでもない。

たとえば民主主義である。民主主義とは元来古代の「民主政」に由来し、統治の正統性が多数者に拠ることを意味する。社会的分化が進み、経済的不平等が拡大した現代の代議制民主主義においても、普通選挙権によって統治＝政府の正統性は「民衆 dēmos」、「人民 people」の多数派の支持によって裏書きされる。また、思想・信条、言論・表現、結社の自由は、政治的公共空間を活性化させるために、最大限尊重されなければならない。

さて、ここで重要なのは、対面可能空間であった古代のポリスとは異なり、現代社会では、ほとんどの情報は間接的にメディアによってわれわれに知覚されることである。とりわけ国政レベル・外交レベルではそうなる。となると、現代では情報の発信側と受信側の間に圧倒的な非対称性が生まれざるを得ない。SNSによってこの非対称性が克服されるといった類の言説は、控えめに言っても駄法螺の集積にすぎない。政治的公論の場の成立のためには、この情報の圧倒的な非対称性とそこから発生するメディア・コントロール、大衆操作の危険性をミニマムに縮減する工夫が考案されなければならない。もちろん、政治・行政権力によるメディア統制は「問題外 out of question」の「外」である。

また二一世紀の民主主義は、古代のポリスや米国先住部族の社会原理を参照しつつ、政治的決定に可能な限り構成員全員が直接関与できる自治民主主義を基礎に据えることになるだろう。ただし、古代とは異なり、現在の自治体の構成メンバーは、「自由」に他の自治体へ移動できる。自治体の上位の政治機構は、原則として統治ではなく、自治体相互の調整機能を主たる任務とするべきである。

ただし、古代の民主政においては存在しなかったプライバシーの権利をはじめとする個人の自由権は「二一世紀の社会主義」においては、むしろ拡大されることになる。

たとえば、デジタル・テクノロジーの飛躍的な進化によって、二〇世紀後半までと異なり、現在は国家機構が個人の私的空間まで把握することが、技術的には可能になりつつある。「二一世紀の社会主義」は国家による個人情報の電子監視システムについては、最大限警戒的であるべきである。デジタル・テクノロジーの運用、さらには開発の方向性は統治の側ではなく、市民の側からコントロール、決定されなければならない。

また古代民主政や近現代の民主主義体制が組織化された暴力の発動としての戦争・軍隊に対して親和的であるのに対し、「二一世紀の社会主義」は、戦争・軍隊を原則的には否定し、また組織化された暴力の独占としての国家機能を最小化することを選択するだろう。

ここで確認しておくと、戦後日本では平和主義と民主主義が同時に到来したゆえに、両者の間に正の相関関係がある、と想定されがちである。しかし、歴史的には古代のアテナイから近代のフランス共和国を通って現代の世界システムの覇権国家の米国に至るまで、民主主義はむしろ戦争と結びついていた。というよりも戦争が平等化・民主化の主な起動要因であったと言ってもよい。

戦争による平等化効果は、長期的にはウォルター・シャイデルの『暴力と不平等の人類史』、二〇世紀についてはトマ・ピケティの『二一世紀の資本』でも論証されている。また古代のポリスにおける民主政の進展も戦争と連動していたことは歴史学的に明らかにされている[37]。してみれば、戦争と軍隊から切り離された民主主義の構築が「二一世紀の社会主義」の最重要な賭金となることは、まず間違いない。

その意味では「主権在民」と「戦力の放棄」を明記した日本国憲法は、現在のところ、世界的に見て、まったくの「例外」であり、社会主義的だとさえ言えるだろう。ゆえに、日本国憲法前文および第九条は「二一世紀の社会主義」の一つの指標となるかもしれない。

さて、現代民主主義の最大のアポリアは、資本主義体制との連携を自明の前提としていること、これである。

資本主義体制とは長期・マクロには近代世界システムと同義であり、資本主義世界経済とインターステイト・システムという相互に還元不可能な二極の複合メカニズムとして定義される。資本主義世界経済の公理は、資本の複利的再投資の無限反復である。

この複利的再投資の無限反復とは、WWⅡ後に自覚化された概念では、無限の経済成長となる。しかし、当然のことながら地球生態系は——われわれ自身の存在と同じく——有限である。

この無限と有限の二律背反は、現在すでに地球生態系の危機、生物多様性の劇的な縮減＝第六の絶滅期として顕在化している。地質学的概念として「人新世」が提出されてすでに久しい。したがって、資本主義へのオルタナティヴとしての「二一世紀の社会主義」の理論は、地球生態系の有限性の自覚と平仄を合わせた生態学を内に包み込むことになる。

さらに、組織資本主義の時代から始まり、現在一段と加速しつづけている巨大企業群による「個の自由」の実質的抑圧からの解放。ここに「自由主義」の自由と「二一世紀の社会主義」の自由の決定的な分岐点がある。

現在の自由主義－資本主義体制においては、GAFAMのような巨大IT企業、J・P・モルガン、ゴールドマン・サックス、バンク・オブ・アメリカ、シティ・バンクなどウォール・ストリートの大銀行、それにロッキード・マーティン、ボーイング、レイセオン、ノースロップ・グラマンなどの巨大軍需産業＝法人と市井の一個人が、法的にはまったく同列のアクターとして扱われる。WWⅡ以降の階級妥協時代には、労働法制によってある意味「特別法的空間」が一時保証されたものの、新自由主義的再編によって、この空間は急速に消去されつつある。

したがって、劇的な不平等の拡大をともなう現在の新自由主義的再編は、単なる一九世紀型資本主義への回帰ではなく、世紀転換期に成立した組織資本主義・法人資本主義の延長線上に位置づけられるべきだろう。そして、このベクトルの先には、階級妥協の放棄・社会保障の解体とともに、

37 古代ポリスにおける、戦争と平仄を合わせた男性市民の民主政の進展は、同時に女性と外国人を排除する過程でもあった。

資本主義の地球規模での全面的な勝利が垣間見えている。してみれば、個人の「選択」の保証として「市場」と資本主義と結合させる新自由主義のレトリックは、まったくの駄弁に過ぎない。

逆に、「二一世紀の社会主義」は、抽象的に定義された「いかなるアクターも独占的な力を行使できない」交渉の空間としての「市場」を全否定することはないだろう。またプルードン的な「占有 possession」、「個体的所有」は個の自由のための一つの保証として確保される、ということになる。

ただし、債権や個人に占有されていない、広範囲の土地、水、大気などのいわゆる「コモンズ」の所有は、制限されるか、あるいは禁止される。また、債権や不動産への投機は規制される。税制に関して言えば、消費税のような間接税ではなく、累進所得税や法人税といった直接税、それに高率の相続税・金融取引税中心に再編される。この点ではWWII以後から新自由主義的再編以前までの「先進国」の先例があり、『二一世紀の資本』の著者、T・ピケティが言うように、政治的決定がなされれば、技術的にはさして困難ではない。

ここで市場に戻れば、電気・水道・交通などのインフラや教育・社会保障、科学・文化・学問に関しては「市場の論理」では運営されない。また生態系と接触する市場に関しては、事前の規制は必要となる。

とはいえ、市場とは「交渉の空間」であって、それ自体「無限の経済成長」を「可能性の条件」としたものではない。また経験的・歴史的に見ても、資本主義とは無縁の市場はカール・ポランニーやあまたの人類学的調査が明らかにしているように、「ヒト」の社会とともにあったとも言える。

このような市場の位置づけは一九世紀のP＝J・プルードンを筆頭としたフランスの個人主義的社会主義にすでに見られ、さらに二〇世紀の歴史家F・ブローデルの『物質文明・経済・資本主義』に受け継がれた。ゆえに「二一世紀の社会主義」は思想的にも歴史的にも、決して「ゼロからの出発」というわけではない。

プルードンとブローデルのほかにも、WWⅡ以後の国際冷戦レジームの困難な「状況situations」の中で、仏植民地帝国の解体をはじめ脱植民地の過程に加担、また米帝国主義を批判しつづけ、さらに「自由・平等・友愛」を「最後の希望」として語った二〇世紀最大の哲学者J＝Pサルトルも、われわれとともにある。サルトルの後継者であるミシェル・フーコー、ジル・ドゥルーズ、ジャック・デリダ、ピエール・ブルデューも「二一世紀の社会主義」に対して──幽霊としてではあれ──支援を惜しまないだろう。何と言ってもデリダは「左右の対立」は──「正義」とともに──脱構築不可能とし、「新しいインターナショナルの可能性・必要性」を訴えた哲学者である。

自由にして平等。古典的でありながらも、近代世界システム上いまだかつて実現されたことのない、希望[38]。「二一世紀の社会主義」は、この希望を羅針盤として航海を続けるはずである。ユー

38 自由と平等、この二つの理念が仮に実現されていれば、I・ウォーラースティン「無限の資本蓄積は不可能になって、そのため、資本主義世界経済は、もはや存在しなくなっていた」（『新しい学』山下範久訳、藤原書店、二〇〇一年、一三七頁）はずである。

トピアは「どこにもない」場所ではなく、われわれの実存様式の内に潜在している。これをどう顕在化させるかは、われわれ自身にかかっているのである。

第1章 自由主義－民主主義体制の終焉？

現在の世界は、おおむねのところ、政治上の自由主義－民主主義体制と資本主義レジームの連携によって運営されている、あるいは少なくとも運営されるべきである、という「合意」によって形成されている。

この連携あるいは合意の中身あるいは範囲は、かなり曖昧な部分があるとは言え、第二次世界大戦以降、北プラス西側では、規範のレベルでは圧倒的な主流派であり、一九八九～一九九一年の「社会主義」圏崩壊以降は、この規範は、とりあえずは、地球化したとも呼んでもよいような状況に移行した。

ところが、一九七〇年代中頃以降に北西資本主義システムの中核において開始された新自由主義への移行が、前記の変遷に交差することにより、結果として、自由主義－民主主義と資本主義との連携のコンセンサスに巨大な亀裂が入り始めている[1]。

この亀裂はヨーロッパにおいても、北米においても、あるいは日本においても、「民主主義の危機」

として語られることが多いが、その内実は自由主義‐民主主義体制と資本主義の連携あるいは同盟の危機として分析・考察すべきものと考えられる。

本稿では、自由主義、民主主義、そして資本主義の――必ずしも論理的・理論的には必然ではない――「同盟」とその危機について歴史的および理論的に考察することとしたい。

1　自由主義

自由主義を日本語化された「リベラリズム」と呼ぶと、あまりに多義的な意味内容を含み、場合によっては、民主主義とほとんど同じ含意で使用されることも多いため、ここでは民主主義との差異を焦点化する目的もあり、自由主義の語を用いることとする。

さて、あるレジームの全体の構成を指示する概念としての自由主義は、以下に論じるように、かなりの幅のスペクトルをもつとは言え、まず歴史的な特徴として、「近代 modern」あるいは「近世 (early modern)」に出現したという性格をもつ。この点、むしろ起源として古代の民主政への参照が不可欠となる民主主義とは明瞭に異なる。

アイザイア・バーリンの有名な「二つの自由」概念のうち、自由主義の核となるのは政治的には明らかに「消極的自由」の側である。

消極的自由の概念の本質は、国家権力との緊張関係にある。政治的自由主義は、国家権力に一定の制限を加えることによって、権力の介入しない（できない）領域を確保しようとする。国家権力への制限という発想の、最も――とりわけ現在――汎用されている概念が立憲主義ということになるだろう。立憲主義の重要なコロラリーとして「法の支配 rule of law」が挙げられる。つまり国家権力はルールとしての法に則って作動することが強く期待されており、もしルールを逸脱した行動を取る場合は当該国家は近代立憲国家ではなく、専制国家と看做される[2]。

個人の内面の自由などはとりわけ、国家が介入できない（すべきでない）領域として重視され、自由主義の消極的自由の典型例として頻繁に言及される。一般に自由主義の重要な特徴として挙げられる公私の分離は、個人の内面をはじめとする「私」領域への「公」としての国家権力の介

1　いわゆる南、かつての「第三世界」の地域においては、資本主義システムと自由主義–民主主義体制の亀裂は北西地域と比較して、圧倒的により困難な様相を呈している。南における、この圧倒的な困難も新自由主義的再編と深い関わりを有していることは言うまでもない。しかし本稿では、筆者の能力と分量の制限の問題により、主に北西地域、いわば世界資本主義の中核における危機について限定することにしたい。国際経済体制のグローバルな再編と新自由主義については、さしあたり先述『褐色の世界史』、および、マーク・マゾワー『国際協調の先駆者たち』依田卓巳訳、NTT出版、二〇一五参照。両者の思想的立場はかなり異なるが、一九七〇年代中頃からのUNCTADに象徴されるような第三世界からのオルタナティヴへの巻き返しとして新自由主義グローバリズム的再編が構想された、とする視点は驚くほど重複している。

2　ただし、ここでの「ルール」としての「法 law」は必ずしも成文化されているとは限らない。近代立憲主義体制の典型とされるイギリスにおいて、成文憲法というかたちを採用していないことに注意。英米法で成文法と並んで慣習法が重視されてきた所以である。

入を遮断することを――少なくとも規範としては――目的としている。

逆に民主主義に警戒的な自由主義者が主張するように、民主主義にとって、元来「公私」の分離や国家権力の制限などは、歴史的に見れば必ずしも必要不可欠なものではなかった。民主主義とは「権力の正統性」を問うことを第一課題とし、その正統性を政治共同体の構成する多数者にある、とすることに重点を置く思想である。

逆に、権力の正統性という視点からすれば、自由主義体制は、必ずしも多数者の支持を必要としない。歴史的に自由主義－立憲主義体制の典型例とされる一九世紀イギリスの国家権力の正統性は、まったくのところ――明示的にも、非明示的にも――多数者に依拠していなかった[3]。

現在、世界において、①国家権力の制限としての立憲主義あるいは「法の支配」と、②権力の正統性として政治共同体の構成員＝国民の多数者の支持、の双方を満たすことが、最低限求められているように見えるのは、まさに自由主義と民主主義の歴史的妥協によるものである[4]。

2　自由主義と民主主義の歴史的妥協

現代世界においては、社会を構成するにあたって、少なくとも理念の水準では、自由と平等の両者――この二つの理念のあるべきバランスについてはある程度幅はあるとはいえ――の双方が、要請される。自由あるいは平等のどちらかを無にする思想は、現代世界においては、さしあたり社会を構成する思想原理とは看做されない。

経済・社会的平等に懐疑的な、かなり極端な自由主義者でさえ、法の下での形式的平等——たとえば刑事上・民事上の——あるいは機会均等を否定する立場を公然と主張することはまずない、と言ってよいだろう。

また、民主主義を自由主義に対立させる場合でも、言論・表現の自由などの市民的自由あるいは少数意見の尊重をア・プリオリに否定する論者もまた、ほとんど存在しない。

しかし、この自由主義と民主主義の同盟あるいは妥協は、さきに述べたように、論理的に必然であるわけでもないし、歴史的あるいは経験的に常に存在していたわけでもない。自由主義と民主主義の妥協は歴史的にはさほど遠い過去にまで遡るものではなく、北プラス西の地域でもせい

3　歴史家L・コリーは自由主義の歴史的範例とも言えるイギリスを民主主義という観点からは、「第一次世界大戦の直前まで、西欧に限らず東欧の水準から見ても、もっとも民主化の遅れた国のひとつでありつづけた」と位置づけている（『イギリス国民の誕生』川北稔訳、名古屋大学出版会、三六六頁）。

4　ここで言う「自由主義」と民主主義の歴史的妥協を理論的に予告したのが、——英米の自由主義者たちの警戒にかかわらず——F・ヘーゲルということになるだろう。ヘーゲルは古典ギリシアのポリスの政治共同体に高い評価を与えながら、公私の分離やそれに関連した主観性の自律、という契機を欠くために、古典ギリシア世界は決定的な限界をもつとする。キリスト教がもたらした、公私の分離や主観性という分裂と媒介の契機が近代において練り上げられ、組み直されながら、市民社会における自由主義的個人主義が登場した、とするのがヘーゲルの見方である。ヘーゲル『歴史哲学』、『法哲学』あるいはM・リーデル『体系と歴史——ヘーゲル哲学の歴史的位置』高柳良治訳、御茶の水書房、一九八六、同『市民社会の概念史』河上倫逸他訳、以文社、二〇〇三。

ぜい二〇世紀に入ってから、また、この合意がほぼ確定したのは、第二次世界大戦後の冷戦下の文脈においてである。

自由主義と民主主義の二〇世紀における同盟は、現在の地点からは、大枠では自由主義の側からの民主主義への譲歩によって可能になったと位置づけることができる。自由と平等という理念のレベルでは、自由はもちろん高いポジションを占めつづけるものの、平等への配慮が、それと同等とはいかないまでも、かなり重視されることになった。

平等への配慮は政治制度としては、普通選挙制度の導入による、代議制民主主義の構築として出現する[5]。このことによって、政府と国家権力の正統性は、少なくとも建前のレベルでは、身分や財産にもとづく少数者ではなく、政治共同体の多数者に依拠することになった。

また、資本主義システムがもたらす格差と貧困といった問題に対しては、法制度の側面では、社会権の漸次的拡大、行政システムも含めたより大きな対応としては——とりわけ第二次大戦後の——福祉国家の建設が構想され、一定の実現を見た。

知的制度としての経済学における新古典派からケインズ主義、あるいは新古典派総合への二〇世紀における移行は、基本的にこの自由主義と民主主義の妥協に対応したものと言えるだろう。

それゆえ、この時期におけるハイエク等による、「経済学」としてのケインズ主義への批判と社会制度としての福祉国家への批判は、自由主義の立場による民主主義への歴史的妥協への——ある意味——首尾一貫した批判、と看做すことができよう。

このハイエクなどの古典的・原則的自由主義による、民主主義への歴史的妥協への批判は、一九六〇年代までは周辺的なものに留まっていたが――共和党のニクソンでさえ、「いまやわれわれはみなケインズ主義者だ」と述べたことを想起しよう――一九七〇年代中頃以降の新自由主義的再編に歩を合わせて、知的制度のなかでも急激に「反転攻勢」に成功し、いまやケインズ主義的パラダイムは「制度としての経済学」――とりわけアメリカ、イギリス、日本――では圧倒的に周縁化されている。

新自由主義的再編は福祉国家の解体とまではいかなくても――現在までのところ――明らかに縮小・収縮傾向をもたらしている。一九世紀末以来の社会権の蓄積の要の一つとも言える労働法制も世界的に縮小的あるいは解体的再編の波にあらわれている。

政治制度として、普通選挙制度の否定を主張する流れはまだ表面化しているとは言えないまでも、有権者に責任を負う「政府 government」に代わり、責任と正統性の所在が明確でない「統治」、すなわち「ガバナンス governance」をかたる言説が過剰なまでに氾濫している。

このガバナンス概念は典型的に、民主主義ではなく自由主義への親和的傾向を示すものである。「コーポレート・ガバナンス」などはその最たる例とも言える。

5 ただし、民主主義が古代のアテナイに見られるような直接民主政を重要なレフェランスとしているため、ルソーから一九六〇年代以降の「新しい社会運動」に至るまで、直接あるいは参加民主主義の欠如として、巨大政党を重要な媒介アクターとする代議制民主主義を批判する議論は持続的に存在する。

企業が第一義的に責任を負うのは、労働者あるいは従業員ではなく、企業の法的所有者である株主に対してである。従業員、地域共同体、環境に対する企業の社会的責任についての言説は――見方によれば――溢れていると言えるかもしれないが、実体としては、違反ペナルティをともなわない、せいぜい努力目標にすぎない。優先順位としては、当然、株主に対する責任がすべてを凌駕する。

さて、ここではまず、新自由主義的再編を、①民主主義との提携の解消という方向性、②それゆえに古典的自由主義への傾斜を強く示す、という論点に絞りながら簡単に整理したが、次に自由主義と資本主義の関係について、歴史的・理論的に再考することとする。

3　自由主義と資本主義――世界システム論的視点から

自由主義は、歴史的に見た場合、「近代世界システム」の中核、なかんずく覇権国家としてのオランダにはじまり、最終的にはイギリスにおいて成立したイデオロギーと制度の双方を指す[6]。自由主義はイギリスからアメリカへの二〇世紀における覇権の移行（禅譲）にともなって、アメリカにおける主導的イデオロギーとなり、現在に至っている[7]。

近代世界システムにおける覇権国家において自由主義が成立した、とすることには一定の含意が発生する。

第一に、自由主義は国家と無関係に、あるいは完全に独立して存在するものではないし、し得るものでもない。むしろ自由主義は効率的かつ「強い国家」を前提とする。いわば強い国家は自由主義の「可能性の条件」である。

このことは市場という、通常は国家から独立していると看做されがちな領域にも妥当する。財とサービスの取引が、政治権力の直接介入がなくとも可能になるためには、市場への参入者の私的財産権と契約の絶対不可侵が国家権力によってあらかじめ保証されていなければならない。この保証が確立していなければ、ミクロなアクターにとって資本蓄積へのインセンティヴは作動しない。国家との債権・債務契約とも言い得る国債が、イングランドにおいて、大陸ヨーロッパ諸国とは圧倒的に異なるレベルで——国際基軸通貨としてのポンドの覇権と結びついて——高い信用を長期にわたり維持しつづけたことを想起されたい。

6 「近代世界システム」において最初の覇権国家と通常看做されるスペインについては、「自由主義」を支配的なイデオロギーおよび制度と看做すことはやや困難であろう。やはり部分的に一七世紀のオランダ、最終的には一六八八年以降のイングランドから、としておくのが、現時点での歴史学の蓄積からは常識的である。

7 覇権国家へと移行する以前のアメリカの貿易政策をめぐる主要なイデオロギーは自由主義ではなく、むしろ保護主義であった。南北戦争を引き起こした要因として、奴隷制度の是非とともに——あるいはそれ以上に——北部産業資本の保護貿易主義と南部プランテーション所有者の自由貿易主義の対立が挙げられるのはその文脈による。イギリスの自由貿易主義に対する保護主義を提唱した最初期の理論家である、フリードリッヒ・リストがアメリカの状況を参考にしながら「保護主義」の理論を練り上げたのは、その意味でも示唆的である。

第二に、自由主義の対外貿易理念としての「自由貿易主義」を可能にするように準備するのは、やはり効率的で強い国家である。

覇権国家の政府は、国際競争での勝者となる可能性が相当程度高くなるまで、関税障壁で自国内の産業を保護することをためらわないし、同じ中核地域のライバル国家を世界市場から排除するための軍事力の行使も厭わない。まさにラース・マグヌソンが二〇〇九年の著書で主張するように、国家の「見える手」が市場、自由主義、そして資本主義の「可能性の条件」を構成する[8]。近代世界システムにおいて「半周辺」から「中核」に移行しようとする地域、あるいは中核において「覇権国家」に挑戦する地域においては、当然のことながら、強い国家の「見える手」によって「追い付き catch up」を遂行しようとする衝動が発生する。これらの地域ではイデオロギーとしても自由貿易主義は周縁化されるし、より一般的な自由主義の影響力も――覇権国家と比較した場合――小さくなる。

実際のところ、ジョン・ロック、デビッド・ヒューム、アダム・スミスあるいはフリードリヒ・ハイエク、ミルトン・フリードマンといった自由主義の理論家とされる誰一人として、国家の必要性を否定したものはいない。軍、警察、司法、あるいは中央銀行といった部門は市場を機能させるために、むしろ不可欠なものとされる[9]。ハイエク、フリードマンにとっても国家は市場の「可能性の条件」であることには変わりはなく、労働法制、社会保障、斜陽産業を支える産業政策を否定するといった頻繁に言及される主張を見れば、基本的に古典的自由主義への回帰と形容してもさほど的を外しているとも思えない。

とはいえ、一六八八年以降の名誉革命以降のイングランド、あるいは一七〇七年のスコットランドとの合同以後は「グレート・ブリテン」において前景化した自由主義が国家と市場の関係になんらの変化をもたらさなかったというのではない。問題は国家か、あるいは市場か、といった二項対立ではなく、国家と市場の適切な関係を再調整することであった、と看做すべきだろう。

ここで問題となるのは、誰にとって「適切」なのか、ということである。もちろん、エドワード・P・トムソンが、大著『イングランド労働者階級の形成』[10]において精緻に描き出した農業あるいはプロト工業部門の労働者にとってではない。とりあえずは、一七、一八世紀の時点ではケイン／

8『産業革命と政府　国家の見える手』玉木俊明訳、知泉書館、二〇一二年

9 近年観察されている軍事部門や警察部門の部分的民営化は国家を消滅させることを含意するものではない。暴力の合法的独占という国家の正統性に依拠して、これらの民営化された軍事・警察部門ははじめて機能し得る。歴史的にも一七、一八世紀のイギリス、フランスなど中核地域国家の軍事部門は端的に言って、現在よりもはるかに民営化されていた。戦時に政府から兵士の調達をアウトソーシングされる責任者がいわゆる「傭兵隊長」であり、スイスやヘッセンなどの地域では傭兵はもっとも重要な雇用（「臨時」ではあるが）部門の一つでもあった。アメリカ独立戦争において、イギリス軍の量的な主力はドイツ人傭兵だったとされているが、これは決して例外的な出来事ではなく、当時としてはごくありきたりの事態だったのである。

10 E・P・トムソン『イングランド労働者階級の形成』市橋秀夫他訳、青弓社、二〇〇三

ホプキンスが『ジェントルマン資本主義の帝国』[11]で焦点化した、「大土地所有者」にして同時に「金融」部門に強い利害をもつ、「支配階級 ruling class」にとって、ということになろう。

自由主義の際立った特徴とされる国家権力の制限とは、まずもってこれらの近世イングランドにおける支配階級主導[12]によって確立した原理である。この原理に挑戦する者、換言すれば、近世イングランドにおける支配階級の利害を正面から無視しようとする者は、たとえ国王権力であろうとも暴力的に排除されることが、一七世紀における二度にわたる革命によって証明された。

したがって、一八世紀から一九世紀前半までの自由主義における立憲主義や法の支配は、当然のことながら少数者による寡頭支配と密接不可分な関係にある。ここで再確認しておくが、自由主義と少数者による支配＝寡頭制は歴史的にも決して矛盾したものではない。

また、自由主義のポジティヴな原理とされる少数意見の尊重や言論・集会・結社の自由などの市民的自由は、非常時にはかなぐり捨てられることを「フランス革命－ナポレオン戦争」時のイギリス急進派――事実上の民主主義派――は身をもって知ることになる。

一八世紀におけるブリテンの支配階級は確かに、国家権力による過剰な統治、あるいは過剰な市場社会への介入を警戒した。しかし、同時に、この大土地所有者にして金融利害関係者（一八世紀のブリテンの地主の多くはまた国債保有者でもあった）は、ルイ一四世および一五世の治世下のフランスとの地球スケールの死闘においてブリテンが勝利し、覇権国家としての地位を確立することを必要とする。

その限りにおいて、「強い国家」の建設をブリテン自由主義は要請していた。ゆえに、一六八八～一八一五年に至る「第二次英仏百年戦争」において、ブリテンの支配階級は税負担というかたちで、私的所有権の一部を国家に譲渡することを大枠において承認したのである。税負担の調整・折衝の場として議会が発達する。そして議会によって財源を保証されたイギリス政府は、当時としては効率的な官僚制を発達させ、海軍を中心とした軍事力増強の負担にも耐えることが可能になった。覇権移行期に際して、当初明らかに劣勢であったブリテンのフランスに対する最終的な勝利がもたらされた背景には、この「財政＝軍事」革命が決定的な要因になった[13]と評価することが

11 P・J・ケイン／A・G・ホプキンス『ジェントルマン資本主義の帝国　I』竹内幸雄・秋田茂訳、一九九七、『同II』木畑洋一・旦祐介訳、名古屋大学出版会、一九九七

12 近世イングランドにおいて確立された大土地所有者＋金融利害関係者を中心とした「支配階級 ruling class」ブロックは、一八世紀末から一九世紀前半の工業革命の時代にも巧に舵を取り、新しい工業企業家を自らのヘゲモニーの下に従属させていったとする研究が近年は優勢である。ケイン／ホプキンスの『ジェントルマン資本主義の帝国』は典型的にそうした視点を提示している。「工業界の最高レヴェルの大物ですら、シティにおける銀行家のように威信をもち権力に容易に接近するということはできなかったのである」(同書I、一九頁)。またL・コリーもこの点に関してはケイン／ホプキンスに近い見解を示している（「イギリスでは一九世紀後半にいたるまで、中央の政界や、経済界における有力者の砦が、中産階級によって切り崩される、ということがなかった」(『イギリス国民の誕生』二〇一頁)

13 フランス革命がまさに税負担をめぐる議会での調整失敗から出発したという点は象徴的である。一度はアメリカ独立革命の成功によって大きく動揺したブリテン帝国の覇権は、フランス革命に始まる二五年間の大動乱を通じた、フランスに対する勝利——とりわけ海洋における——によって一八一五年には動かし難いものとなった。

できよう[14][15]。

いずれにせよ、一八一五年にイギリスが覇権を確定した近代世界システムは、民主主義的要素をほとんど含まない――とりわけ一八四八年以前には――自由主義‐資本主義レジームと看做すことが適当である。しかし、この自由主義‐資本主義レジームとしての近代世界システムは、その中核においても不安定性を免れず、一九世紀から二〇世紀にかけて次第に民主主義への譲歩を迫られることになる。

4 民主主義への譲歩

一九世紀前半において、近代世界システムの中核である、英、仏、あるいはドイツ、オーストリア・ハプスブルク（中欧）地域は持続的な動乱とまでは言えないまでも、かなり不安定な状態に晒されつづけた。

一八三〇年には、覇権国家イギリスの支配層でさえも、革命の言葉を前に恐怖する状況であったし、一八四八年には、パリを震源としながら、大陸ヨーロッパ全体をまさに同時多発的に革命の嵐が席巻し、旧体制としてのウィーン体制は崩壊した。

フランスでの第二帝政の成立とその後の展開に見られるように、近代世界システムは革命の衝撃を迂回しながら吸収し、さらなる進化を再開するものの、この時期が――たとえば続く一九世紀後半と比較して――政治的に不安定な状況であったことには疑いはない。

従来、この時期の不安定性の要因としては、工業革命と資本主義の深化・拡大による社会秩序の変容――他の大陸ヨーロッパ地域における旧体制に対するナショナリズムとともに――が一般には言及されてきた。

この工業革命と資本主義の展開による社会の変容、という要因は、当然ある程度は説得的ではあるのだが、工業革命に関して言えば、続く一九世紀後半も次々と新しいサイクルが押し寄せてくるのであるし、資本主義の浸透による社会の変容もまた同様である。それゆえ、この変数だけでは、一九世紀前半期の政治の混乱と不安定の説明としては、いくらか不十分な印象を受けることもまた事実である。

近年の研究ではフランス革命からナポレオン戦争、そして続く一九世紀前半の動乱期の記憶と、政治的民主主義への支配階級の（戦略的）譲歩を関連させる議論が提示されている。

たとえば、I・ウォーラーステインは『史的システムとしての資本主義』[16]から近年の『近代世

14 J・ブリュア『財政＝軍事国家の衝撃』大久保桂子訳、名古屋大学出版会、二〇〇三

15 I・ウォーラーステインあるいはJ・アリギなどの「世界システム論」においては、オランダからイギリスへ覇権がややスムーズに移行した、あるいはイギリスの勝利はほぼ確定していた、と解釈し得る記述になっており、本稿での立場とはやや異なる。むしろ、J・ブリュアやL・コリー『イギリス国民の誕生』らのイギリス人研究者による、ブリテンの勝利は「説明可能」ではあるが、「必然」ではない、という、ある種、経験論的ニュアンスのほうに本稿は接近している。

16『新版　史的システムとしての資本主義』川北稔訳、岩波書店、一九九七

界システムⅣ　中道自由主義の勝利』[17]に至るまで、一貫してそのような見方を提示しているが、ウォーラーステインとは思想的立場を異にするL・コリーやケイン／ホプキンスの分析／記述にも同様の趣旨を読み取ることができる。

『イギリス国民の誕生』において、L・コリーは、一八世紀・一九世紀を通じて自由主義レジームではあるものの、決して民主主義的ではないブリテンの体制と支配階級に民衆への譲歩を強いたのは、覇権を賭けた総力戦としてのフランス革命―ナポレオン戦争であったとする議論を、この大部の著作の最後の二章において展開している。

コリーは、一八三二年の第一次選挙法の改正に象徴されるような、一九世紀前半の一連の改革を「経済の近代化の抗うことのできない進展や民主主義の浸透という観点から説明すること」[18]をかなり明確に否定し、「問題の核心」は「フランスに勝つためには、イギリスは彼らの真似をしなければならなかった」、すなわち――少なくともある程度は――ウェリントンが「人間の屑ども」と呼んだ民衆階層への民主主義的譲歩（「民衆参加の政治学」）をイギリス支配階級が戦略的に行なった、ことにあると主張している。コリーによれば、「市民として政治に参加する権利citizenship」に関しては、この時期の「大幅な飛躍」は、「イギリスでは二〇世紀の諸戦争までは二度と起こること」はなかった[19]。

またケイン／ホプキンスの『ジェントルマン資本主義の帝国』もフランス革命の民主主義的衝撃に対して、イギリス支配階級は「財産所有の不平等を擁護する政治哲学」を練り上げなおす、バーク的な「新しい保守主義」によって対応する必要性に迫られたとしている[20]。そして、この新しい保守主義は一定の枠内で漸進的な民主主義への譲歩のカードを切りながら、共和主義や民主主義と対立する、イギリス主導の自由主義的理念の優越を世界に示しつづける任務を課された、とする[21]。

5　二〇世紀における自由主義と民主主義の同盟

自由主義と民主主義が、いわば公式の同盟関係に入ったのは、二〇世紀の三〇年戦争の文脈においてである。

17『近代世界システム　Ⅳ　中道自由主義の勝利』川北稔訳、名古屋大学出版会、二〇一三

18『イギリス国民の誕生』、三五二頁

19 同、三七八頁。また近年のT・ピケティ等による統計的データと方法を用いた格差研究においても、統計データが長期にわたって入手可能な西側地域において、格差が縮小したのは、二〇世紀の三〇年戦争の結果（複数の要因が予想されるが）の際のみである、としているのは興味深い。『二一世紀の資本』T・ピケティ、山形浩生訳、みすず書房、二〇一五

20「バークは財産所有の不平等を擁護する政治哲学を練り上げ、この国の政府を支配する少数者の権利を正当化し、行動規範を確立する礼儀（そして服従）の重要性を強調した」『ジェントルマン資本主義の帝国 Ⅰ』、五五頁

21 同、三五頁

一九一四〜一九一八[22]、そして一九三九〜一九四五の二度の世界戦争において、自由主義理念の主導者にして近代世界システムの覇権国家であるイギリスに二度にわたって挑んだのは、ドイツである。ドイツは、とりわけ二度目の世界戦争の際にはファシズムという形態の大衆動員のエネルギーを最大限に駆動させ、戦争の前半期はイギリスを完全に圧倒した。

イギリス、およびフランスは中核国家相互の総力戦に必要とされる大衆動員のエネルギーに対抗するには、社会主義勢力を含む民主主義との同盟を選択する以外に道はなかった。

国際的外交的視点からは、イギリスと比較すれば――少なくとも当時――ある程度、民主主義的要素を含むアメリカ[23]からの援助を確実にするためにも民主主義のシンボルを欠かすことはできず、さらにフランスが早々に脱落した第二次世界大戦においては、ソ連との連携――ドイツ国防軍の攻勢のほとんど全部を陸において防御・殲滅することを強いられた――に際して自由主義の旗[24]は明らかに不適切であり、民主主義が――それぞれの思惑を別にして――同盟の大義名分には不可欠であった。

さらに一九四五年以降、国際冷戦レジームにおいて、少なくとも建前のレベルでは平等を重視する民主主義を掲げる東[25]に対して、北プラス西側地域においては、労働者層、中間層の支持を確保するためにも、一九世紀末から二〇世紀前半においてさまざまなかたちで提示されてきた福祉国家体制を受け入れざるを得ない状況が生じた。

結果として、北プラス西側の、主に中間層、部分的には労働者層にとっては、福祉国家体制によって可能になった社会的平等（相対的なものであれ）にもとづいた民主主義と市民的自由をはじめとする自由主義のポジティブな側面の両者を——歴史的に見て例外的に——享受し得る、という幸運な時代が到来した[26]。

22 イギリスにおいて民主主義がポジティヴな意味を帯び、フランス革命の積極面に言及されるようになったのは、基本的に第一次世界大戦でフランスとの同盟を選択して以降のことである。

23 アメリカの民主主義が、しかし同時に人種主義、そして奴隷制度と深い関係を有していたこともまた事実である。ただし、本稿ではその側面は扱えない。この点に関して『移動と革命』三宅・小沢弘明編著、論創社、二〇二二、『近代世界システムと新自由主義グローバリズム』三宅・菊池恵介編著、作品社、二〇一四を参照していただければ幸いである。

24 また、当時は経済的自由主義はイギリス、アメリカにおいてさえ、その信用を低下させており、二〇世紀の二度にわたる世界戦争を通じて、「知的制度としての経済学」の「界」においても、ケインズ主義のヘゲモニーが確立された。

25 旧社会主義圏のうち、ソ連、東欧に関しては、市民的自由に代表される自由主義及び複数政党制に象徴されるような代議制民主主義が欠落していたことは言うまでもない。ただし、社会主義体制にかなり批判的な研究者においても、二〇世紀前半までと比較した場合の、教育、福祉をはじめとした生活水準の一般的向上、および社会的平等に関しては、明らかに一定の成果があったとされている。M・マゾワー『暗黒大陸』中田瑞穂・網谷龍介訳、未來社、二〇一五など参照。「人民民主主義」諸国崩壊後の四半世紀を省みると、マゾワーの言うように、勝利したのは明らかに自由主義−資本主義であり、民主主義ではなかった。

26 もちろん、この「幸運な時代」においても、排除されたさまざまなマイノリティ——第三世界との構造的問題に加えて——の問題が存在しつづけたこともまた事実である。しかし、それを考慮しても、北＋西地域においては、この三〇年が人類史上のスケールにおいても、稀な時代であったことは否定しがたいと思われる。

また「黄金の三〇年 Les Trente Glorieuse」と呼ばれる、資本主義の長い歴史においても例外的な高成長が資本と労働の妥協を容易にもした、という点については言うまでもない。

6 同盟の終焉か、あるいは？

しかし、本稿の冒頭に述べたように、一九七〇年代中頃に開始されたと看做し得る新自由主義グローバリズムによる世界空間の再編とともに、自由主義と民主主義の同盟は徐々にきしみ始め、次第に後戻り不可能に思えるほどの巨大な亀裂が姿をあらわすこととなる。

「北」と「南」の大部分の地域との格差はもちろんのこと、「北」内部でも、「福祉国家」レジームと労働法制の再編・縮小によって、

①貧困層は拡大、

②中間層は急激に縮小、大部分は貧困層へと転落、

③極小部分の最上層に富は集中、

という傾向は、大方の立場から見て、否認することは難しい状況になりつつある。

現在の自由主義‐民主主義体制の規範である、政治共同体構成員の参政権の平等や民刑事上の形式的な平等を正面から否定する議論は、目下のところ、まだ表面化しているとは言えない。

しかし、ガバナンス概念の流行と、ある程度の制度の変更とともに、民主主義の空洞化は確実

に進行している。

とりわけ、「グローバル・ガバナンス」と呼ばれる空間は、元来、世界政府のような、住民選出による正統化を経た機関が存在しない領域なだけに、IMF、世界銀行、あるいは欧州中央銀行、欧州委員会といった、民主的コントロールを受けつけないアクターの裁量・介入の権限がきわめて強力な事態となっている。

また労働法制の縮小・解体傾向、および、それに歩を合わせた「ビッグ・ビジネス」に有利な商法・会社法の改正は、労働者（被雇用者）の立場を、着実に悪化させている。

個人のみを正当な権利主体とする契約の自由および私的所有権の絶対化という自由主義理論は、組合あるいは地域共同体的な結社を権利主体から排除する、という論理へとつながる可能性を元来備えている。実際のところ、二〇世紀初頭までの自由主義–資本主義体制は、おおむね、そうした論理にもとづいて運営されていた。

団結権・団体交渉権・争議権をはじめとした集合主体としての労働者の権利を公式に法的に承認すること、あるいは雇用契約（とりわけ解雇）に関しては、私人間の契約の自由という原則のみでは処理しない、といったルールは北側地域でも、基本的にはせいぜい第二次世界大戦後に資本と労働の妥協を国家が仲介することによって整備されたにすぎない。

現在、民主主義を「ガバナンス」によって迂回する戦略と同様に、労働法制の蓄積も、「正規」労働者を「非正規」労働者に置換していくことによって急速に空洞化されつつある。この傾向がある閾まで進めば、「正規」労働者に、現在までのところ辛うじて保障されている解雇規制も、正面からの法制度改正によって解体される可能性が高くなるだろう[27]。

「グローバル・ガバナンス」による世界空間の再編も、あるいは福祉国家レジームおよび労働法制の縮小・解体も、「覇権国家」米国を頂点に階層化された近代世界システムにおける新自由主義グローバリズムという地殻変動の連動した複合局面に他ならない。

このまま、民主主義の蓄積を極小化した自由主義‐資本主義体制へと純化していくのか、あるいは立憲主義あるいは少数意見の尊重といった自由主義の継承すべき理念を再定義[28]しつつ、民主主義のヘゲモニーの下に近代世界システムに根本的な転換をもたらし得るのか、いずれにしても近い将来われわれは選択を迫られることになるだろう。

---

27 この解雇規制撤廃の全面化を法的に強行突破するまでは、「非正規」労働者への置換は――現在の傾向を放置すればば――留まることはない。言説のレベルでは「正規」と「非正規」の対立を扇動することによって、「底辺」への競争へと労働者（被雇用者）を誘導する戦略が採用しつづけられるだろう。

28 法の支配や少数意見の尊重が資本主義システムの下では、マイノリティの要求を非合法化することで排除すること、あるいは寡頭制支配を正当化することにつながりかねない可能性については、前掲『近代世界システムと新自由主義グローバリズム』を参照していただければ幸いである。

第2章 国際冷戦レジームと第三世界

現在の国際秩序の基礎を形成した第二次世界大戦について、歴史家の木畑洋一は三つの性格の複合として位置づけている[1]。

第一に、反ファシズム戦争。第二に、帝国主義間の戦争。第三に、民族解放戦争。

世界システム論の視点からは、近代世界システムの覇権国家が決定的に米国に移行し、結果、戦後国際秩序、さらには冷戦体制も基本的に米国主導で成立・推移した、という論点を提出できるだろう。

第一の側面については、少なくとも公式には現在の国際秩序はファシズムの完全な否定を前提としている。「国際連合 United Nations」が第二次世界大戦の「連合国 United Nations」を継承する国際組織であることは、そのことを象徴している。

第二・第三の側面については、英国とフランスという二大植民地帝国が世界戦争の勝者となっ

1 木畑洋一『第二次世界大戦』吉川弘文館、二〇〇一

ために、問題は一九四五年以降にもちこされることとなった。というのも、英国とフランスの支配層は戦争終結時には、広大な植民地を解放する意図は毛頭持ち合わせていなかったからである。

ウィンストン・チャーチルの「私は英帝国を解体するために首相になったわけではない」という言葉や、パリ解放の際、「自由フランス」の機甲師団を率いたルクレールが第二次大戦後ただちに、インドシナ独立運動を鎮圧する責任者として現地に赴いたエピソードなどは、英仏帝国主義の態度を集約している、と言えるだろう。

第四の世界システム論的な視点、すなわち米国への覇権の移行および米国主導の冷戦レジームの構築という視座は、「反共自由主義」にもとづいたかつての冷戦史観（英語圏、ドイツ語圏、近年のフランス語圏ではいまだに一定の影響力がある）とは複数の重要な点で一線を画することになる。

まず、近代世界システムの覇権国家である米国と第二次大戦で二〇〇〇万～三〇〇〇万人の犠牲者を出して疲弊していたソ連との間には、決定的な力の非対称性があった。一九四五～一九五〇年までの国際冷戦レジーム構築期に限っても、工業力、金融と信用、先端科学技術の水準、英国、フランス、イタリア、西ドイツなどの北西ヨーロッパ諸国（NATO）あるいは日本（日米安保）といった発達した工業地域の同盟国群、そして軍事力のほぼすべての面において米国が圧倒的な優位にあった。

この点に関しては、世界システム論的視点から冷戦史を根本的に再検討したトマス・J・マコーミックの『パクス・アメリカーナの五〇年』はもちろんのこと、ジョン・W・ダワー『アメリカ暴力の世紀』、そしてO・A・ウェスタッド『グローバル冷戦史』、V・プラシャッド『褐色の世界史』は基本的に同じ見解を共有している。

たとえば、プラシャッドは『褐色の世界史』の冒頭で次のように述べている。「米ソは互いを対等の敵として描いたが、実のところソ連の経済基盤は、アメリカよりはるかに劣っていた」[2]

またウェスタッドも、ソ連は冷戦期を通じて米国に「対等な競争相手」として自らを認めさせようとしたが、ベトナム戦争での米国の敗退後においてさえ、米国の政治エリートは「断固として」それを拒否したことを、冷戦終結後に公開された資料も用いながら周到に跡づけている。

では、何故――少なくとも対外的には――両者は「対等の敵」として互いを描いたのか？もちろん、このような問いにただ一つの答えなどない。とはいえ、主要な要因の一つをここで指摘しておくことはできるだろう。

英帝国に代わり、世界システムの覇権国家へと移行する米国は、伝統的な孤立主義にもとづいた世論および議会の伝統を克服する必要があった。そのためには、ソ連の膨張主義という、政策決定当事者たちもさして信じてはいなかった仮定を主張することが好都合であったことは、マコー

2 V・プラシャッド『褐色の世界史』粟飯原文子訳、水声社、二〇一三、二六頁

ミックやM・マゾワー[3]など、さまざまな立場の歴史家が指摘するところである。この「トルーマン・ドクトリン」効果によって米国政府は、アメリカ史上はじめて平時にヨーロッパの大国グループと恒常的な軍事同盟、NATOを結ぶことに成功した。

ひるがえって第二次大戦において延べ数百個師団のドイツ国防軍に国土の中央部を蹂躙され、膨大な数の犠牲者を出したソ連には、戦争中に赤軍が占領した地域を超えて拡大する余力は存在しなかった。この点について、マコーミックは「ソ連には戦争をする意図も能力もなかった」[4]と簡潔に記述している。たとえば、ソ連は一〇万人以上の犠牲者を出して陥落させたベルリンの半分以上を、ただ一人の犠牲者も出さなかった――つまりあえてベルリン包囲戦に参加しなかった――西側に譲ったのである。また、有名なキューバ危機を引き合いに出すまでもなく、戦争直後の国際冷戦レジーム構築期においても、トルコ、ギリシア、イランにおいて米国の強力な圧力に直面したソ連は、例外なく譲歩した。

ソ連の「超大国」としての表象は、むしろ多民族連邦国家がもたらす遠心力を打ち消す求心力、そしてフランス、イタリア、日本などの西側陣営の共産党へのソフト・パワーとして機能したと言えるだろう。実際、ゴルバチョフが「超大国」としての表象と現実の力関係の落差の調整に乗り出し、米国とのグローバルな対決から撤退しはじめるや、ソ連邦は解体した。西側の共産党に関しては、ユーロ・コミュニズムや構造改革などの言葉が示すように、ソ連型社会主義からの離脱はある時期からはじまってはいたものの、やはりソ連崩壊の政治的打撃は決して小さなものではなかった。

ソ連の対外的な消極主義は、とりわけ——意外に聞こえるかもしれないが——スターリン支配の時期に際立っている。スターリンは第二次大戦中に占領し、戦後安全保障上の緩衝地帯として確保した東欧圏以外の地域に対する介入には、その後のフルシチョフ、ブレジネフ政権よりもはるかに慎重であった。日本降伏後、内戦状態に入った中国に対する態度がその典型である。

スターリンは内戦において、国民党が勝利することを前提としていた。また共産党によって統一された中国が出現することを望んでもいなかった。これはイデオロギー上の理由というよりも、長い国境線を接する大国が東アジアに出現することを恐れる、むしろ伝統的な安全保障上の観点による。その意味ではスターリンは徹底的に「一国社会主義」者であったと言えるだろう。

しかし予期に反して、中国共産党はほとんどソ連からの支援を受けることなく、内戦に勝利した。当時O・ラティモアをはじめとした米国務省の東アジア専門家は、この点を重視し、新中国の基軸となるのは社会主義ではなくナショナリズムであって、中国がソ連の支配的影響下に入ることはない、との見方でほぼ一致していた。

朝鮮戦争とマッカーシズムの波によって、この国務省東アジア担当官グループは排除されることとなったが、一九五八年の「大躍進」にはじまる激しい中ソ対立は、結果として彼らの見解の正しさを裏づけることとなる。そして一九七〇年代のキッシンジャー外交は——第四次中東戦争

3 M・マゾワー『国際協調の先駆者たち』依田卓巳訳、NTT出版、二〇一五
4 トマス・J・マコーミック『新版　パクス・アメリカーナの五〇年』松田武他訳、創元社、一九九二、一四二頁

後にサダトのエジプトを屈服させるとともに――中国と国交を回復することによって、ソ連をユーラシアの両側から圧迫する道を選択した。

さて、英、仏、オランダ、ベルギーなどの西欧帝国主義国家が支配する植民地独立の過程は、かなりの程度、国際冷戦レジームという文脈と交差しながら展開することを余儀なくされた。第二次大戦後のこの複雑な文脈について、ウェスタッドの『グローバル冷戦史』では次のように記述されている。

「脱植民地化の過程と超大国の紛争の過程は、それぞれ別個の起源をもつかもしれないが、二〇世紀後半の歴史は、この両者をつなぐ結び目を探求することなしには理解することができない」[5]

それでもなお、脱植民地化の松明を掲げた運動は、西でも東でもない、「第三世界」というプロジェクトに乗り出したことをプラシャッドは強調している。

インドのネルー、エジプトのナセル、インドネシアのスカルノ、ガーナのクワメ・ンクルマ、そして南アフリカのネルソン・マンデラ、といった指導者たち、あるいは一九五五年のバンドンや一九六六年のハバナで開催された会議の名に象徴されるプロジェクトとしての「第三世界」とは何か？プラシャッドによれば、①反帝国主義・反植民地主義、②非同盟中立、③社会主義、④世俗主義、⑤国際主義的なナショナリズム、そして可能な限り非暴力の方針、がその特徴を構成する。ただし、フランス、米国によるベトナム侵略戦争に対する抵抗や、アルジェリア独立闘争におけるＦＬＮ、あるいはポルトガル植民地帝国からのアンゴラ、モザンビークの独立運動、そして人種差別国家南アフリカとのたたかいは、当然、「第三世界プロジェクト」に含まれる。

このような「第三世界プロジェクト」は、すでに二〇世紀初頭からの国際的な反植民地主義ネットワークによって育まれていた。汎アフリカ会議は、一九〇〇年にはロンドンにて開催され、一九四五年の第五回大会にはW・E・B・デュボイスをリーダーとして、ジョージ・パドモア（トリニダード・トバコ）、クワメ・ンクルマ（ガーナ）、ジョモ・ケニヤッタ（ケニア）などを結集していた。また一九二七年には植民地コンゴにおいて無数の暴虐行為を行なっていたベルギーの首都ブリュッセルにおいて、反帝国主義連盟の第一回会議が開催された。この会議にはスカルノ、ネルー、そしてラテン・アメリカからはアメリカ革命人民同盟（APRA）のアヤ・デ・ラ・トーレが参加していた。

さらに第二次大戦後オランダからの独立を果したインドネシアの都市バンドンにおけるアジア・アフリカ会議（一九五五）は、「プロジェクトとしての第三世界」を一気に前景化させることとなる。

バンドン会議は、非同盟中立と可能な限りの非暴力主義を主張しながらも、いまだ植民地とされている地域、とりわけフランスの北アフリカ植民地（マグレヴ）の独立、そして南アフリカにおける人種差別システムの撤廃、パレスティナに関する国連決議の履行を求める決議を行なった。

プラシャッドが「バンドン精神」と呼ぶ方向性をウェスタッドは「いずれは冷戦システムを乗り

50・A・ウェスタッド『グローバル冷戦史』佐々木雄太監訳、名古屋大学出版会、二〇一〇、八〇頁越えるものとなる何らかの共通のイデオロギーを創り出そうとする試み」[6]と位置づけている。

しかし、米、英、仏政府は、この「バンドン精神」に対して激しい危機感を抱いた。当時のアイゼンハワー政権の国務長官ダレスは、米国との同盟を志向するアジア・アフリカ諸国を支援する「逆バンドン会議」をしばしば検討したし、元GHQ最高司令官ダグラス・マッカーサーは、バンドン精神によって日本が中立主義に傾斜すれば、地政学的に重要な軍事拠点を失うことになる、という提言・警告を米政府に対して行なった。

またイギリスのイーデン首相は中立主義に対してきわめて攻撃的な対応を示し、一九五六年にはフランス、イスラエルとともに、スエズ運河の国有化を宣言したナセル政権を打倒すべく第二次中東戦争を引き起こした。仏政府はアルジェリア独立運動の中心であるFLNをエジプトが支援しているとして、やはりナセル打倒を目論んだのである。英仏イスラエルは戦術的・軍事的な勝利を収めたものの、戦略的・政治的には完全に敗北し、ナセルは逆に一九六七年の六日間戦争まではアラブ世界の絶対的カリスマとしての地位を確立した。

対照的にソ連のフルシチョフはスターリン批判を公開した、有名な一九五六年の共産党第二〇回大会において、非同盟中立を主張するバンドン精神を支持する方向へと舵を切った。これは、一つには米国およびその同盟国群と比較した場合の、ソ連の「弱さ」の自覚に拠るとは言えるだろう。ソ連には自国と公式の同盟を結ぶ国家だけを友好国とする政治的・戦略的余裕はなかったのである。

ただし、それだけではない。ロシア革命初期には、民族自決を掲げたレーニンの方針の延長線上に、英、仏、オランダ、ベルギー、日本などの帝国主義国家からの植民地独立を支援するネットワークが構築されていた。ベトナムのホー・チ・ミンやインドのM・N・ロイ、そして正規のメンバーではなかったが、アグネス・スメドレーなどもこのネットワークの線に沿って世界中を移動していた。

例によってスターリン統治下のソ連国内においては、多民族国家の遠心力を活性化させると看做された民族自決・民族自治のネットワークと人々は血の海の中に沈められたが、国外のネットワークと植民地独立の理念は、ある程度、存続していた。先に名を挙げたホー・チ・ミンなどはその典型である。

ネルー、ナセル、スカルノ、ンクルマなど「バンドン精神」の中心人物たちはいずれも共産主義者ではなかったが、米国およびその同盟国からの圧力にさらされて、ソ連との部分的協力を選ぶ政権もあらわれた。実際、米国は、国際冷戦レジームへの抵抗の試みと判断した政府（民主的に選出された！）を、CIA工作によって政治的経済的に不安定化させたのち、軍部クーデターによって転覆するという手法をバンドン会議以前から開発し、世界中で実行に移していた。たとえば、一九五三年のイランと一九五四年のグァテマラである。

それに対し、新たに独立した非同盟諸国グループは、国連、とりわけ国連総会を自らの主張を展開する場として捉えなおす戦略を採用する。第二次大戦後、アジア、アフリカで独立を達成

6 ウェスタッド前掲書、一〇五頁

した国々が増えつづけた結果、少なくとも総会では、第三世界諸国が多数派になったからである。以来、世界はニューヨークの国連総会において、カストロやゲバラの雄弁を聞くことになる。

また多くの旧植民地諸国では、一次産品を輸出し、宗主国の工業製品を輸入する従属的な経済構造を改革するため、関税を武器として採用する輸入代替工業化を進める方向を探りはじめた。このための国連機関がR・プレビッシュを事務局長として設立されたUNCTADである。

しかし、米国側の軍事的「巻き返し」は凄まじく、CIAは一九六〇年にコンゴにおけるクーデターと首相のルムンバの拷問・殺害に、控えめに言っても重要な役割をはたしたのち、一九六五年には、インドネシアにてスハルトによるクーデターを支持し、少なくとも五〇万人以上の共産党員およびシンパの虐殺に英、オーストラリアの情報機関とともに関与した。

コンゴに続いて、アルジェリアのベン・ベラ（一九六五年）、ガーナのンクルマ（六六年）の排除、そして第三次中東戦争の壊滅的な敗北（六七年）の後、ナセルが死去した一九七〇年には、バンドン精神の主要な登場人物たちは政治的舞台からほぼ姿を消していた。

近代化論の主唱者であり、ケネディ・ジョンソン両政権において国家安全保障担当補佐官などを歴任したW・ロストウは、一九六七年のボリビアにおけるゲバラの殺害に際し、ジョンソン大統領に次のように報告した。

「（ゲバラの殺害は）スカルノ、エンクルマ、ベンベラのような攻撃的でロマンティックな革命家の消滅をまたひとつ刻むものであり、……我々の『予防薬』支援の健全性を明らかににした」[7]

ロストウの名が象徴するように、米国の世界戦略はつねに軍事的なものであるとともに経済的なものでもある。また、実際のところ、世界システムの覇権国家米国とその同盟国群の経済・金融・信用のシステムは「第二世界」と「第三世界」の双方を圧倒していた。表向き第二次大戦で荒廃した先進工業国への融資を想定して設立された世界銀行やＩＭＦは、ただちに、フランスやポルトガルのような植民地宗主国が、独立運動を武力鎮圧するための巨額の融資や短期信用を提供することになった。

また、この二つの国際金融機関は、経済的発展のための初期資本を決定的に欠いていた独立後の第三世界諸国への融資と信用の選別によって、米国への抵抗の不利を多くの政権に思い知らせていく。一九七三年には民主的に選出されたチリのアジェンデ政権を、イラン、グァテマラ、ブラジル（一九六四年）、ドミニカ（六五年）において使用した方法を使って崩壊させたのち、ピノチェト軍事政権の下、「シカゴ・ボーイズ」と呼ばれる経済学者たちによって新自由主義政策が電撃的に実行に移された（「ショック・ドクトリン」）。

さらに一九八〇年代以降は、新自由主義グローバリズム、すなわち米国の掲げる世界新秩序への適応を迫る機関として世界銀行とＩＭＦをこれもやはり電撃的に——一九八一〜八三年の超短期で——改造したレーガン政権によって、「第三世界プロジェクト」は最終的に「抹殺」（プラシャッ

7 ウェスタッド前掲書、一八四頁

ド）へと追い詰められていく。
ウェスタッドは、この過程を、「冷戦のグローバル経済への劇的拡張」であり、「アメリカにとって大きな成功であった」と記述している[8]。

しかし「第三世界」の側から見れば、この新自由主義グローバリズムへの準－強制的な適応は一種の「降伏」を意味した。結局のところ、米国が主導した国際冷戦レジームは「南」の諸国にとっては、「やり方を少し変えただけの植民地主義の継続」[9]でしかなかったのである。

そしてソ連もまた崩壊し、冷戦が終結したとされる年から三〇年経た世界はどのような姿を見せているだろうか？米国が主導する新自由主義グローバリズムという新しい植民地主義は、かつての第三世界を――中東をはじめとして――カオスに陥れるだけでなく、日本も含めた米国の同盟国群、そしてアメリカ自身の政治社会をも極度に不安定化させつつある。

現在のこの危機は、いわゆる「公共政策」や、曖昧模糊とした「持続可能な発展」などのダボス・フォーラムでも唱えられている程度の対応――それさえ実行されるかどうか怪しいのだが――で鎮められる性質のものではない。冷戦の勝利者たちが言祝ぐ資本主義世界経済と「自由主義－民主主義」体制の結合という現代の神話を疑うことが、最低限の出発点となるだろう。

8 ウェスタッド前掲書、三六四頁
9 ウェスタッド前掲書、三九九頁

第3章 戦後思想の胎動と誕生一九三〇－一九四八

歴史家エリック・ホブズボームのいわゆる「短い二〇世紀」は、戦争と動乱、そして革命の世紀であった。

一九一七年のロシア革命から、短い凪としての両大戦間、そして一九二九年ウォール・ストリトの「クラッシュ Crash」からはじまる「世界恐慌 Great Depression」、国際ファシズムによる一九三九年からの電撃的なヨーロッパ制覇。それに対応した日本帝国主義の一九三一年以降の中国侵略と一九四一年からのアジア・太平洋戦争への突入。

そして米ソ英中による反攻による国際ファシズムの崩壊から国際冷戦レジームによる世界空間の再編と脱植民地化。これらの巨大な奔流に押し流されて旧世界は根底から崩れ落ちた。

ユーラシアの両端における戦後思想家とは、旧世界の崩壊と国際冷戦レジームによる地球空間の再編のはざまで、それぞれの思想を練り上げていった人々にほかならない。

これらの思想家たちがまず、若き日に直面したのは、「世界新秩序」を掲げ、ユーラシアの東と西を政治的・軍事的に席巻したファシズムとの対決である。
一九三三年のナチスによる政権奪取とその後の再軍備（一九三五年）、ラインラント進駐（三六年）、オーストリア併合（三八年）、ミュンヘン会談（三八年）。そして一九三七年七月七日の日中戦争勃発の時には、戦後思想家たちはすでに、ファシズムへの態度決定を迫られる年齢に達していた。したがって、「戦後思想」とは、「戦中」に時局に対決しながら思想の核を形成した人々の言説にほかならない。

ユーラシア大陸の西のドイツ語圏ではマックス・ホルクハイマー（一八九五年生まれ）、テオドール・W・アドルノ（一九〇三年生）、ハンナ・アレント（一九〇六年生）、フランス語圏ではジャン＝ポール・サルトル（一九〇五年生）、モーリス・メルロー＝ポンティ（一九〇八年生）、シモーヌ・ド・ボーヴォワール（一九〇八年生）、アルベール・カミュ（一九一三年生）といった人々の名が挙げられる。

またユーラシアに隣接した、ブリテン諸島を中心とした英語圏でも同様のプロブレマティークに直面した人々が存在した。たとえば、ベルリンに生まれ独立社会民主党にて活動の後、ナチス政権成立にともなってパレスティナ、のちイギリスに亡命した思想史家ジョージ・リヒトハイム（一九一二年生）、ウィーンからベルリンを経てロンドンに移住したE・ホブズボーム（一九一七年生）、哲学者・作家のアイリス・マードック（一九一九年生）、後にノーベル文学賞を受賞した劇作家ドリス・レッシング（一九一九年生）、「カルチュラルスタディーズ」の創始者レイモンド・ウィリアムズ（一九二一年生）、そして民衆史の記念碑的大著『イングランド労働者階級の成立』

の著者にして、一九八〇年代英国の核廃絶運動（END）のリーダーとなったエドワード・P・トムソン（一九二四年生）などが、ここで言う「戦後思想」のカテゴリーに含まれるだろう。

他方、ユーラシアの東では一九三一年の「満州事変」以降、朝鮮半島も含めた東北アジアのほぼ全域を支配下に収めた日本帝国主義が加速度的にファシズム化しながら、一九三七年七月七日以降、中国華北、国際都市上海、首都南京、続いて武漢を陥落させた。さらに一九四一年から四二年前半にかけては香港を含めた中国沿岸部、東南アジア、南西太平洋を席巻するまでに膨張する。

このような状況下において、日本語圏ではファシズムに対する組織的抵抗は、一九三三〜三四年頃までにほぼ壊滅した。戦後思想・文学「第一世代」のほとんどすべての人々は、この過程において治安維持法違反容疑により二〇代前半で逮捕・留置される経験をする。

具体的には、埴谷雄高（一九〇九年生まれ）、久野収（一九一〇年生）、椎名麟三（一九一一年生）、都留重人（一九一二年生）、武田泰淳（一九一二年生）、荒正人（一九一三年生）、丸山眞男（一九一四年生）、野間宏（一九一五年生）、大西巨人（一九一六年生）のすべてがこの例にあてはまる。日米開戦後も平野謙（一九〇七年生）、荒正人（一九一三年生）、坂口安吾（一九〇六年生）、本多秋五（一九〇八年生）などが関わった『現代文学』に寄稿しながら、独自の抵抗言説を組織化した花田清輝（一九〇九年生）は、治安維持法違反による検挙はかわしつづけることには「成功」したけれども、一九四一年に極右組織による襲撃事件関連にて神楽坂署に留置された。

また、ここに挙げた人々のうち、都留重人、丸山眞男、野間宏、大西巨人は徴兵され、要注意人物として監視されながら二等兵として軍隊生活を経験した。さらに野間宏は、中国、フィリピンなどの前線に送られることとなる。戦後、丸山はこの陸軍での経験を重要な参照枠としつつ「超国家主義の論理と心理」（一九四六）を創刊間もない『世界』に発表し、野間は軍内部での倒錯的腐敗をセクシュアリティにあふれた文体によって『真空地帯』（一九五二）を書きあげた。また『近代文学』第三次拡大同人となった大西巨人は対馬での徴兵訓練経験をもとに、ダンテの『神曲』からタイトルを採った長編『神聖喜劇』を完成させた。

続く、日高六郎（一九一七年生まれ）、堀田善衛（一九一八年生）、そして加藤周一（一九一九年生）、中村真一郎（一九一八年生）、福永武彦（一九一八年生）、白井健三郎（一九一七年生）などの「マチネ・ポエティク matinée poétique」の同人たち、そして「マチネ」のグループと戦時下交流をもっていた慶応仏文科・英文科の堀田の仲間たち、加藤道夫（一九二〇年生）、芥川比呂志（一九二〇年生、芥川龍之介の長男）などは、一九三三〜三四年頃ほぼ組織的抵抗が崩壊したのち、わずかにマルクス主義言説の一部だけを読むことができた「第二世代」の人々である。このうち、加藤道夫と芥川は徴兵され、前者は東部ニューギニアの過酷な前線に送られ、戦後その経験をもとに戯曲『挿話』を書いた。そこでは、日本軍将校の傲慢と狂気とともに、現地の住民たちが理由なく多数殺害されていることが描かれている。また「マチネ」のグループのうち、加藤周一ととくに親しかった中西哲吉は戦争末期徴兵され、南方に送られる途中、船が撃沈され、消息を絶った。加藤が晩年、「九条の会」に参加した動機として挙げている「若くして戦死した友人への負い目」、という言葉の「友人」とは中西哲吉のことである。加藤周一の絶筆となった原稿には次のように記されていた。

南の海で死んだ私の親友は、日本が再び戦争しないことを願ったに違いない。憲法九条にはその願いが込められている。私は親友を裏切りたくないし、九条を改め（ここで文は途切れている）

一九二〇年代前半以降の「世代」、つまり日中戦争開戦時に一五歳以下の「世代」にとってはファシズム化した資本主義を批判する言説に触れる機会自体がなくなる。

例外は一九三六年、一四歳で渡米、ハーバード大学にて「ウィーン学団」の指導者ルドルフ・カルナップ、および「全体的」真理論で知られるW・クワインの下で分析哲学を専攻した鶴見俊輔（一九二二年生まれ）である。当時、ハーバード大学院には、旧制八高（現名古屋大学教養学部）時代「反帝同盟」の活動によって逮捕、退学処分ののち、米国に留学していた都留重人が在籍していた。鶴見俊輔は都留と緊密に交流し、哲学とともにマルクス主義的方法論、日本ファシズム批判の論理を学ぶことができたのである。

1　戦後思想家の「兄」たち――「京都学派左派」と文学者たち

さて、序でスケッチを描いた戦後思想家の「兄」たちとして、林達夫（一八九六年生まれ）、三木清（一八九七年生）、中井正一（一九〇〇年生）、戸坂潤（一九〇〇年生）、羽仁五郎（一九〇一年生）、片山敏彦（一八九七年生）、渡辺一夫（一九〇一年生）の名が挙げられるだろう。

三木清は一九二二年、ドイツのハイデルベルク大学に留学、新カント派のハインリヒ・リッケルトの下で歴史哲学を学んだ後、一九二三年、マールブルク大学にて『存在と時間』刊行前にハイデガーの講義を受ける。

一九二五年に帰国後、実存哲学の方法を応用した『パスカルにおける人間の研究』を岩波書店から出版、一九二七年の岩波文庫の創刊にも深く関与した。また同年に『思想』に立てつづけに発表した三論文をもとに一九二八年にはマルクス、ベルクソン、ソレルなどを縦横に論じた『唯物史観と現代の意識』をやはり岩波書店から上梓。続いて鉄塔書院から『社会科学の予備概念』（一九二九）、『観念形態論』（一九三一）を出版した。

存在論と「系譜学」としてのイデオロギー論を交差させながら提示する、これらの三木清の初期の仕事によって、日本の哲学は当時の大陸ヨーロッパ、すなわち世界水準の哲学に一挙に肩を並べるに至った、と今日からは位置づけることができる。

また三木清は一九二八年、同じくドイツのハイデルベルクから帰国した羽仁五郎とともにマルクス主義の立場から総合的理論雑誌『新興科学の旗のもとに』を創刊。教条的マルクス主義の立場とは明確に一線を画し、ソシュールの一般言語学から旧来の文法学、言語学を批判する論文なども掲載したが、一九三〇年に共産党への資金提供の容疑にて逮捕。半年にわたって豊多摩刑務所に収監されている間に、『新興科学の旗のもとに』は『プロレタリア科学』に吸収、共産党の側から三木に対する「プチ・ブル的な観念論」との批判が展開され、「正統マルクス主義」の組織と運動から三木清は追放される。また出所後、法政大学教授を辞任することも余儀なくされ、この後、三木は文筆活動にて身を立てていくことになる。

しかし、このような転変に晒されながらも三木清は『歴史哲学』と『社会科学概論』を一九三二年に岩波書店から刊行。ここにおいて、三木は、哲学的基礎に支えられた「メタ・ヒストリー」的方法論を展開し、かつての師ハイデガー――当時急速にナチズムに傾倒しつつあった――を凌駕した、とも評価できよう。

また三木清と同じく旧制一高から京都大学哲学科に進学、美学を専攻した林達夫は、卒業後上京し、一九二七年から三木とともに『思想』の編集に携わるようになる。また組織と運動としてのマルクス主義が瓦解した後の合法的抵抗の試みとして一九三二年に創始された「唯物論研究会」には戸坂潤、羽仁五郎、服部之総などとともに幹事に名を連ねている。

また日中戦争勃発後も、当時の多くの自由主義的な知識人が期待を寄せた「近衛新体制」を批判する「現代社会の表情」(一九四〇)、「宗教について」(一九四〇)を発表している。

また同時期には「デカルトのポリティーク」(一九三九)、「新スコラ時代」(一九四〇)、「歴史の暮れ方」(一九四〇)といったエッセイにおいて、「韜晦的」とも言えるスタイルで、際どい時局批判を展開した。しかし、一九四一年の日米開戦後は、一九四二年九月に「拉芬陀」を『図書』に発表した後は、渡辺一夫、永井荷風などと同様に敗戦に至るまでは公的には沈黙戦略を選択することになる。

このようにファシズムに抵抗すると同時に、林達夫は一九三〇年代半ばには「正統派マルクス主義」の理論と運動からはすでに距離を置き始めていた。たとえば、一九三五年の「アミエルと革命」、一九三六年の「社会主義者アミエル」においては「プルードン主義者アミエル social」とマルクス・エンゲルスの「対峙」を「今日のインテリゲンチャに置かれた二つの道」として提示している。

この林達夫の三〇年代における立ち位置は、WWII後に発表された「ちぬらざる革命」(一九四九)、「無人境のコスモポリタン」(一九五〇)、「共産主義的人間」(一九五一)におけるスターリン主義批判へとまっすぐにつながっている、と言えるだろう。

その意味で、アミエル論に仮託した林のプロブレマティークは、まさに平野謙の言う「昭和十年(一九三五)前後」の思想的可能性をわずかに公に示したもの、と見做すことができる。しかし、一九三五年前後の「正統派マルクス主義」の理論と運動の脱構築の試みを戦後ただちに反復しようとした、一九四六年から数年の荒正人・平野謙の言説は林達夫の批評とともに、発表当時は圧殺されるか(荒・平野)無視される(林)ことになる。

しかし、花田清輝や鶴見俊輔そして藤田省三(一九二七年生まれ)は、林達夫や荒・平野の問題提起を非常に高く評価していた。鶴見・久野・藤田は一九五八年に『中央公論』にて連載された「戦後日本の思想」の冒頭に『近代文学』グループを置いた。このシンポジウムの報告において、鶴見俊輔は「近代文学の七人の侍たち」は「昭和十年頃」にすでに「終戦時の思想状況を先取りし」、彼らの言説において、戦後の論争の論点のすべてが提示されていた、と述べている。

また花田清輝と久野収は一九七〇年代の平凡社の『林達夫著作集』の編集委員となり、花田と久野はそれぞれ、第四巻と第三巻に、加藤周一、鶴見俊輔は、それぞれ第一巻、第五巻にそれぞれ長文の解説を書いている。戦後、林達夫は平凡社から刊行された『世界大百科事典』（一九五九年完結）の編集長となったが、加藤周一は同じく平凡社から出版された第二次『大百科事典』の編集長となり、「林達夫」の項目を自ら執筆した。また加藤周一は一九八四年に死去した林達夫の弔辞を読むこととなる。

この弔辞において加藤周一は林達夫を「両大戦間の生んだ自由な精神」と呼ぶ。加藤によれば林達夫は「政治権力であろうと広告会社であろうと、共同体の仲間うちの圧力であろうと、価値判断を一つに絞ろうとする外圧にはあくまで抵抗」し、「多くの選択肢を開いたままにし」、ただし「そうした上でその中の一つをみずから選ぶ」、そうした意味である意味「実存主義的」自由を「生涯を通じて決して譲らなかった」。ここで描かれる林達夫の肖像は、加藤周一の肖像とまさに二重写しになっていると言えるだろう。

三木・林と同じく旧制一高から京大哲学科に進んだ戸坂潤は、田辺元と三木清の影響下に科学哲学とイデオロギー論を架橋する『科学方法論』（一九二九）、『イデオロギーの論理学』（一九三〇）

を鉄塔書院から出版。一九二四年の「物理的空間の実現」と一九二六年の「幾何学と空間」と合わせて、リーマン幾何学とミンコフスキー空間を基礎とするアインシュタインの相対性理論を「科学哲学」の視点から再定位し、さらにそれをイデオロギー論へと接続させることで、三木と同じく、日本の哲学が当時の世界水準であることを世に知らしめた。

また、唯物論研究会は長谷川如是閑を議長としてはいたが、一九三八年に廃刊に追い込まれるまで、事実上のリーダーであったのは戸坂潤である。この間、一九三四年に長谷川如是閑を講師とした「唯研創立記念講演会」の場にて丸山眞男は治安維持法違反の疑いで逮捕・留置され、この経験は丸山眞男の思想と軌跡に決定的な刻印をきざむこととなった。丸山眞男は、釈放されてからも雑誌『唯物論研究』や唯物論研究会のメンバーが発刊した「唯物論全書」シリーズを読みつづけた。この時期、三笠書房から発刊された「唯物論全書」には『現代哲学』古在由重、『科学論』戸坂潤、『歴史論』服部之総などがある。

この文脈において丸山眞男は少数の友人数名とともに、『日本資本主義発達講座』、『資本論』、『ドイツ・イデオロギー』、ローザ・ルクセンブルクの『資本蓄積論』、そしてヒルファーディングの『金融蓄積論』などを読書会で取り上げている。丸山眞男をたんなるリベラリストとして描き出そうとする試みの根本的な誤りは、丸山眞男が「丸山眞男」になる際の、逮捕・留置という「屈辱」の実存的経験とマルクス主義理論の深い影響を——意図的に——排除している点にある。丸山は有名な『日本の思想』に収められた一九五九年の「近代日本の思想と文学」の冒頭においても、戸坂潤へオマージュを捧げている。

思想史家としても丸山眞男は非マルクス主義者ではあるものの、カント・ヘーゲルのドイツ観念論とともにマルクス主義の方法論を強く意識していた[1]。丸山自身の位置づけでは、方法論として一九二九年にドイツ語で出版されたカール・マンハイム（一八九三年生まれ）の『イデオロギーとユートピア』の影響を特筆しているが、ユダヤ系ハンガリー人であったマンハイムもまた一九三三年、ナチス政権成立とともに英国に亡命するのである。

一九三三年の京大滝川事件において、学生・大学院生グループの中心となった中井正一は、元来、非マルクス主義者ではあったけれども、当時ヨーロッパで展開されていた反ファシズム人民戦線の方針を導入しつつ、新村猛（一九〇五年生まれ）、久野収、また湯川秀樹や坂田昌一に連なる理論物理学者であった武谷光男（一九一一年生）等とともに『世界文化』（一九三五年創刊）や『土曜日』（一九三六年創刊）という雑誌の発行というかたちで「最後の抵抗運動」のリーダーとなった。一九三六年に『世界文化』に発表された「委員会の論理」は、戦後、久野収によって意思決定の民主制論、独占批判の論理学などに継承される。

しかし、中井も日中戦争開始後の一九三七年、治安維持法違反容疑で検挙、一九四〇年に懲役二年、執行猶予二年の判決を受け、以後敗戦まで特高の監視下に置かれることになる。

1 例えば『日本政治思想史研究』に収められた三論文には、F・ボルケナウ『封建的世界像から市民的世界像へ』とヘーゲル歴史哲学の影響がシェーマと叙述の双方に明白に認められる。

戦後思想の「兄」たちのうち、三木、戸坂、中井は治安維持法違反で逮捕され、前二者はついに獄中死、ドイツ語圏のアドルノ、ホルクハイマーやフランス語圏のサルトル、メルロー＝ポンティのように敗戦以降の思想界をリードすることはついに叶わなかった。

久野収は、戦後繰り返し三木、戸坂、とりわけ八月一五日の敗戦後一月以上もたった九月二六日に獄死した三木清の死を慨嘆している。たしかに戦後「流行」したサルトルの実存主義に対して哲学として応答できる可能性があったのは三木清を措いてほかにない。なんといっても三木は一九三六年に『思想』に発表された「構想力の論理　神話（中）」において、すでに同年フランスで出版されたサルトルの『想像力　L' imagination』に言及しているのである[2]。

さて、いわゆる「京都学派左派」たち以外で戦後思想家たちの「兄」となったのは、ほとんどの教官が戦争支持者だったと言われる東大文学部のなかで、断固として反戦派であった仏文学者・ラブレー研究者、渡辺一夫（一八九七年生まれ）と旧制一高の教官であった独文学・仏文学研究者、片山敏彦（一八九八年生）である。

加藤周一は父が建築家辰野金吾・仏文学者辰野隆の主治医だった関係で仏文研究室に出入りできるようになったけれども、主任教授辰野隆は穏健なナショナリスト・戦争支持者であり、マラルメ研究者の鈴木信太郎は「神風」を信じている、いわば狂信的なナショナリストであった。加藤は一九六六〜六七年に『朝日ジャーナル』に連載された自伝的小説『羊の歌』においては渡辺一夫の仏文研究室における孤立をかなり控えめに描いている。

実際には東京大空襲の後、フランス語で綴られた、一九四五年三月一一日から八月一八日までの『敗戦日記』（死後発見）によると、渡辺一夫の孤独は「凄惨」とも言えるものであった。渡辺は戦争に対する自らの立場を「僕は最初からこの戦争を否認してきた。こんなものは聖戦でもなければ正義の戦いでもない。我が帝国主義的資本主義のやってのけた大勝負にすぎぬ」と書き、「町ですれ違うどの人間も、僕とはまるで違った考えを抱いているように思える」と記している。仏文研究室の辰野隆、鈴木信太郎については次のように辛辣に批判している。

辰野、鈴木の両氏、想像力に欠け、かつエゴイスト。それぞれ違うが共に浅ましきエゴイス

2 三木の言う「構想力」とはドイツ語では「Einbiludingscraft」であるが仏語では「L' imagination」である。したがって「構想力の論理 Logik der Einbiludingscraft」は仏語では「La logique de l' imagination」となる。サルトルは『想像力』に続いて一九三九年『想像力の問題』を上梓し、一九四三年に畢生の大著『存在と無』を完成した。したがって三木清が自らの問題意識の延長線上にサルトルの哲学を理解し、導入できる可能性は十二分にあったのである。逆に三木清以外の哲学者、文学者にはサルトルの「実存哲学」を同時代的に理解することは困難であった。『存在と無』に対する哲学的「消化不良」は、現在に至るまで日本における「フランス現代思想」の混迷へと繋がることとなる。なお、フランスにおいては、フーコー、デリダ、ブルデューはサルトルという「父」殺害のため、あえて「理解」していないふりをした、と位置づけられる。ちなみに三者とも、「思想」界での地位を確立してからは立場を転換してサルトルを再評価するようになる。

トなり。……前者は祖国のために生き残らんとする弟子たちの身の上を考慮せず[3]。

また渡辺は五月四日に「ヒトラー、ムッソリーニ、ゲッペルスが死んだ。苦しんでいる人類にとって、何たる喜び！　いずれも怪物だった」と書き記しながらも[4]、反戦の立場に立つ自らが世間から追い詰められつつあることを妻と語り合ったことを次のように述べる。

芳枝（妻）が諦めた口調で言う、兄弟も親も友だちも信用できない、と。そして遅かれ早かれ、きっと子供たちにも背かれるだろう、と[5]。

そして渡辺の孤独はさらにオーウェルの『一九八四』を想起させる所まで、進んでいく。

しかし芳枝はもう一つの真実を僕ら二人に（少なくとも自分自身に）隠している、夫婦間の仲でさえも、時に相手を裏切るものだということを。何たる孤独！　何たる孤独！[6]

意外なことは、いわば「絶対絶命」の危機に陥った渡辺一夫が心の支えとしたのが、ロマン・ロランであったことだ（「偉大なロマン・ロラン！　今こそあなたの存在が必要なのだ」）というのも、R・ロランは、アンドレ・ジッドを中心とする『N・R・F』をはじめとするフランス本国の「文壇」では低い評価しか与えられておらず、その事情に詳しい渡辺一夫は普段はその基準に従っていたからである。

これは、WWIの際にA・ジッドをはじめとするフランスの主な作家がナショナリズム的プロパガンダに加担するなかで、R・ロランがスイスに亡命しながら絶対平和主義の立場を貫き、「騒乱を超えて」など反戦の文章を書きつづけたことにも拠るものだろう。

ロマン・ロランはWWI後の一九二三年にヨーロッパの和解と平和を目指して、『欧州 Europe』を創刊、一九三一年の「満州事変」を批判、一九三二年には国際反戦会議を呼びかける。この平和主義にもとづくロランの国際ファシズムへの危機感が、一九三四年の反ファシズム知識人監視委員会と一九三六年のスペインとフランスにおける人民戦線政権の誕生へとつながっていく。京都において『世界文化』、『土曜日』に参加した知識人たち、とくに新村猛もまたロマン・ロランを熱狂的に支持していた。

また作家堀辰雄（一九〇五年生まれ）とともに、「マチネ・ポエティク」の「兄」とも言える存

3『渡辺一夫敗戦日記』博文館新社、一九九五、六二頁
4 戦時中一切の戦争協力を拒んだ永井荷風は日記『断腸亭日乗』に同じく「ヒトラー、ムッソリーニの二兇敗れて死せりの報」に「天網漏らさず」と付言している。
5 渡辺前掲書、五九頁
6 同書、五九頁

在であった片山敏彦もまた、留学の際交流する機会をもったロマン・ロランの崇拝者であった。

戦後一九四七年に加藤周一が二〇世紀フランス文学の見取り図を描いた「象徴主義的風土」は、プルースト研究の鈴木道彦（一九二九年生まれ）、マラルメ研究の菅野昭正（一九三〇年生）、ヴァレリー研究の清水徹（一九三一年生）、ボードレール研究の阿部良雄（一九三二年生）、クローデル研究の渡辺守章（一九三三年生）等、次世代のフランス文学研究者に大きな影響を与えた批評であるが、ここでの「象徴主義」の「拡張された」解釈は——加藤自身が記しているように——『N・R・F』派であった渡辺一夫ではなく、片山敏彦に「負う」ものである。

個別の作家研究に関しては、後続の世代の研究者たちによって——当然のことながら——加藤のこの「批評」は「乗り越えられていく」が、二〇世紀フランス文学史のグランド・デザインとしては、長く影響を残しつづけた。

たとえば、福永武彦、白井健三郎を学習院仏文科に招いた鈴木力衛（一九一一年生まれ）が編集した一九七〇年の『フランス文学史』（明治書院）、鈴木と渡辺一夫が編者となり、一九九〇年に増補版が出版された岩波文庫『フランス文学案内』などは、加藤の「象徴主義的風土」のシェーマに沿って記述されている[7]。

2 戦中の戦後思想家たち

すでに述べたように、戦後思想第一世代は二〇歳前後でアジア侵略戦争に反対して左翼運動に参加し、そのほとんどすべてが治安維持法違反にて逮捕・留置経験がある。この過程でこの世代の人々は、植民地独立を求める朝鮮人、そして侵略戦争に反対する中国人と、「運動」という空間において、接触・交流をもつ機会を有した。

当時の共産主義運動には多数の朝鮮人が参加していた。日本帝国主義からの独立を掲げる有力な政治団体が他に存在し得なかった以上、このことは決して不思議なことではない。党組織のみならず、共産党指導下の労働組合「全協」などのリーダー、サブ・リーダーに関しても朝鮮人はかなりの割合で参加していた、と推定される。

例えば、帝国日本の植民地、台湾に生まれ育った埴谷雄高は支配者、抑圧者の側に自らが所属することを「裂け目」として発見した幼年期の経験を思想的原点として繰り返し振り返っている。

7　加藤が訳者となった『文学とは何か』の著者J＝P・サルトルは、自らをヴァレリー、ジッドの「甥」、シュルレアリスムの「弟」として位置づけながら、『マラルメ論』、『家の馬鹿息子』（フローベール論）において、まったく異なる「二〇世紀（反）文学史」を描き出している。現在に至るまで、日・仏・英語圏のフランス文学研究は、サルトルが提示した、この極めて重要なプロブレマティークに対してまったく無理解なままである。ただし、このことは加藤周一の戦後直後の批評「象徴主義的風土」の価値を損なうものではない。戦時中、フランスに関する情報はきわめて限られていた上、一七八九年の大革命、一八三〇年の七月革命、一八四八年の二月革命、そして一八七一年のパリ・コミューンという歴史をもち、加えてＷＷＩにおいて青年男性の二五％が戦死したフランス共和国とＷＷＩの際には「戦時利得者」的な関与に留まり、「神聖にして不可侵な」天皇を主権者とする「大日本帝国」では、政治的文脈もそして「文学」という制度をとりまく環境もまったく異なるからである。

埴谷はプロレタリア研究所に所属しながら、小作争議を中心とした農民闘争に派遣され、一九三一年に逮捕されるが、この過程で少なくない朝鮮人と出会ったと思われる。

世上では形而上学的な小説として著名な『死霊』においては、数少ない登場人物のなかに、地下印刷工場の責任者として李奉洋という朝鮮人が登場する。これは一定期間運動に参加した埴谷にとってごく自然な設定であった、と考えられる。

埴谷と同じく『近代文学』創設同人であった荒正人は、「満州事変」勃発時、旧制山口高校在学中にやはり反戦運動に関わって逮捕されているが——当時の山口は炭鉱労働者として朝鮮人が多く在住していた地域——高校での Reading Society のリーダーは「任沢宰」という名の朝鮮人であり、荒はこの人物から強い影響を受けたと戦後繰り返し語っている。

また、荒は日中戦争勃発後の一九三九年の一二月に——いわば言説による「最後の抵抗」として——創刊された『現代文学』において朝鮮人作家金史良(一九一四年生まれ)の『光の中で』について論じている。

金史良についての荒の関心は戦後も持続し、一九六八年の「回想・昭和文学四〇年」では、「アイルランド人がロンドンに出てきたならば、こういう体験をするかもしれぬと思わせる点」が『光の中で』の特徴である、と述べている。続けて荒は金史良を「パリに住み、はじめはイギリス語で、後にフランス語で発表し、自作のあるものは母国語に翻訳」し、「パリではアイルランドから来た作家であり、ダブリンではパリに行った文学者である」サミュエル・ベケットと比較している。

さらに荒は一九七七年の「八・一五をめぐって」においては、旧制高校時代の記憶として、「満州」から来た学生たちを「アルジェリアからパリにやってきたフランス人学生」（たとえばルイ・アルチュセール（一九一九年生まれ）、ジャック・デリダ（一九三〇年）、ただし正確には「ユダヤ系フランス人」）と比較した記述がなされている。

このような「帝国」内の移動についての研ぎ澄まされた感性は、やはり運動内部での朝鮮人たちとの若き日の出会い抜きには考えられない。

一九三三から三四年にかけて朝鮮独立運動家の秘書を務めたとされる花田清輝は、一九三八年に「民族問題の理想と現実」を発表している。ここで花田は「東亜共同体」という「掛け声」を朝鮮半島の「現実」に対比させ、「ひとたび半島の現実に触れるならば」、満州国の「五族協和」、あるいは「同種同文」、「共存共栄」などの美辞麗句は「空しい響きを放ちはじめる」と相当程度踏み込んだ批判をしている。

また花田は一九五二年の「外国文学の紹介の現状」において、カミュの『異邦人』について、「誰一人、作中の人物の一人である、犬の如く射殺されてしまったアラビア人の立場から、植民地における裁判の描写の文学的虚偽を指摘」していない日本の文学研究・批評の在り方を批判している。この花田の視点は、エドワード・サイードの『異邦人』批評と明白に共振するものであり、当時の日本の批評としては群を抜いたものとして評価できるだろう。

竹内好（一九一〇年生まれ）と武田泰淳は中国文学研究会の活動を通じて、魯迅の実弟である周作人や亡命中の郭沫若――いわば当時すでに大知識人――と交流をもっていた。当然両者とも日本の中国侵略に対して明確に批判的であった。

武田泰淳は一九四三年に『司馬遷』を、竹内好は一九四四年に『魯迅』を出版している。この二つの書物は日米開戦後のアジア・太平洋戦争を知的に正当化する役割を果たした京都学派中央派・右派の「世界史の哲学」と「大東亜共栄圏」の言説を批判するテクストである。

ただし、竹内好は、泰淳と比較した場合、一九一〇年以来「帝国」の植民地とされていた朝鮮半島に対する関心がほぼ欠如していることが特徴である。これは竹内が泰淳と異なり日本帝国主義からの植民地解放を唱えるマルクス主義の洗礼をまったく受けていないこととも関連するだろう。この両者の差異は、一九五〇年代初頭の「国民文学論」において、大きく前景化することとなる。

戦後思想「第二世代」は、さきに述べたように左翼運動に関与する可能性がなくなっているため、国内に生まれた人々、とりわけ「マチネ」の同人たちは、朝鮮人および中国人と「運動」という空間において交流する機会が予め奪われていた、と言ってよい。

ただし、日高六郎と堀田善衛はそれぞれの個人史的背景から、日本帝国の侵略の犠牲になった中国・中国人との接点が発生していた。

日高六郎はWWⅠの際に、ドイツから奪取して以来植民地としていた中国山東省青島に生まれ育ち、堀田善衛は、一九四五年三月の東京大空襲の後、あえて上海にわたり、その地で武田泰淳等とともに敗戦を迎えた。つまり堀田善衛と武田泰淳はその日を境に、「占領者」の側から「敗戦国民」、しかも無条件降伏であるために、生命・身体の安全を含め、およそ何の保証もない側へと移行することとなった。

日高は敗戦直前の一九四五年五月に海軍技術研究所に「国策転換をめぐる報告書」を提出し、台湾・香港の中国への返還と朝鮮の独立を主張した。その際、日高は、当時、陸海軍上層部に絶大な影響力をもっていた「皇道史観」の主唱者、平泉澄から「君の意見は国体を危うくするものである」と激しく叱責された。その間、日高六郎は冷たい「恐怖」の感覚に晒されていた。海軍技研側の対応は「解職」であった。

「植民者 colon」として生まれ育った日高六郎は、「中国侵略戦争」への批判のみならず、朝鮮・台湾を含めた帝国の解体までの展望をすでに獲得していた、と言えるだろう。

堀田善衛は、一九四七年に帰国するまで、日本人・中国人の他に亡命ロシア人、ユダヤ人、朝鮮人、インド人、そして南米からの渡航者で溢れた、国際都市＝雑種都市、上海にて暮らすことになる。この間、堀田はこの「国際性」＝「雑種性」に戸惑いながらも、同時に「占領者」日本と「被占領者」中国との苛烈かつ複雑な対立・抗争を生身に刻み込まれるように経験した。

その経験の「闇」は戦後発表された『時間』、『歴史』あるいは死後出版された『堀田善衛上海日記──滬上天下　一九四五』などを通じて垣間見ることができる。

渡辺一夫と同じように完全に周囲から孤立していた「マチネ」のグループは、一九四三年に「敵性音楽の廃止」の布告が出た際、黒枠のはがきを出した加藤周一の「招集」に応じて、「ジャズ・

レコード」の死を悼むささやかな音楽会を催した。また戦時下でも公共の場所で洋書を読むことをやめなかった彼らは、しばしばバスから引きずり降ろされて殴られていた。一九四五年には徴兵令状が来た詩人、宗左近（一九一九年生まれ）の自宅で次のような出来事もあった。

当時、皇国青年であった橋川文三と「その仲間二人」が、「われわれは日本人である前にまず人間だよ」と言う白井健三郎を「非国民」と面罵し、なお譲らない白井に対して、三人が「そんな非国民、たたききってやる」と叫んでつかみかかったのである。『羊の歌』によれば加藤周一も、東大病院内科研究室で後輩の医局員に「敗北主義」と罵倒されている。二〇〇二年六月の夕陽妄語「それでもお前は日本人か」で振り返っているように、加藤周一、中村真一郎、白井健三郎なども また、各々の場で「抵抗」していた。

この時期の加藤周一たちの孤立感は、『羊の歌』における次のような「悪夢」に凝縮されている。

> 私をとりまいて警察の男たちがたっていた。夢のなかでの彼らは私の考えのすみずみまで見透していて、勝ち誇ったうすら笑いを浮かべながら、来るべき拷問をたのしんでいるようにみえた。私は逃げ出す道のないことに絶望し、自分の考えを誤りであったと告白して憐みを乞う自分自身に愛想をつかし、しかしその場を切り抜けることに全力を注いで、もはや自分自身の考えをほんとうに捨て去ったしまったということに、心の片すみでは、ほとんど……安らぎさえも感じていた[8]。

しかし、この悪夢の描写の後で、加藤は「眼が覚めたあとで、私の考えは変わらなかった」と続けている。

丸山眞男の「屈辱」の「恐怖」、加藤周一の「悪夢」、これらの情動は、戦後、状況の転変にもかかわらず、彼らを駆り立てて——死に至るまで一貫して——反ファシズムとしての民主主義を擁護するエネルギーとなったのである。

3 敗戦・民主化と戦後思想・戦後文学の叢生

一九四五年八月一五日に日本がポツダム宣言を受諾、敗戦が決定してから、戦後思想家たちの動きは素早かった。

最初の烽火は、敗戦決定からひと月あまりのうちに準備され、一九四六年一月に創刊された『近代文学』によって挙げられた。そこでは埴谷雄高が『死霊』を発表し、佐々木基一（一九一四年生まれ）や福永武彦が小説を連載しはじめていた。そして二月号、四月号、六月号には荒正人が「第二の青春」、「民衆とは誰か」、「終末の日」を発表して、三〇年代の共産主義の思想と運動を脱構

8 『羊の歌』、平凡社、一九七九、一六六－一六七頁

築した「政治」の可能性を描き出した。またこの論文をめぐって発生した中野重治との論争においては平野謙がいわゆる「ハウスキーパー」問題を取り上げて、左翼運動内部の深刻なジェンダー問題を提起して一歩も譲らなかった。

また丸山眞男、川島武宜（一九〇九年生まれ）、中村哲（一九一二年生）、内田義彦（一九一三年生）等の社会科学者たちは一九四六年二月に「青年文化会議」を創立し、議長川島武宜が「軍国主義に屈服さえするに至った旧い自由主義者たちと決別」という文言を含む「宣言」を起草した。また同年、都留重人、丸山眞男、鶴見和子、鶴見俊輔等を同人とする『思想の科学』が創刊される。

さらに同年には雑誌『世代』に加藤周一、中村真一郎、福永武彦の文章が連載されはじめる。すでに一九四六年三月には「天皇制を論ず　問題は天皇制であって天皇ではない」において「天皇制」の可及的速やかな廃止を主張していた加藤周一は、連載初回に「新しき星菫派に就いて」を発表し、非政治的な「美学主義」を批判した。

ここで加藤が批判しているのは、「かなりの本を読み、相当洗練された感覚と論理を持ちながら、凡そ重大な歴史的社会的現象に対し新聞記事を繰り返す以外一片の批判もなしえない」美学主義である。仮にそうした「美学主義」的態度が「狂信家の騒動から面を背けた」としても、それは「意識的な孤独の追求ではなく、動物的な逃避反射である」と加藤は言う。このような態度の人々は「寸毫の良心の呵責を感じることなしに、最も狂信的な好戦主義から平和主義」へと豹変する、と加藤は断じる。

アドルノの「アウシュビッツの後で詩を語るのは野蛮だ」という言葉にも通じる加藤のこの「美学主義」批判の射程は、ハイデガーとゴットフリート・ベンを論じた一九五七年の「ゴットフリート・ベンと現代ドイツの『精神』」、そしてF・ラクー＝ラバルトの論文を参照しながらハイデガーの「ナチスへの積極的支持」に言及する、一九八八年の「宣長・ワルトハイム・ハイデガー」へと連なっている。

しかしそれだけではない。一九九五年の「フレーゲの日記」においてはルートヴィヒ・ウィトゲンシュタインが『論理哲学要綱』の序において、敬意をもって言及している論理学者ゴットロープ・フレーゲの厳密な論理学主義と「狂信的な軍国主義と激しい反ユダヤ主義」の結合に注意が払われている。

加藤は一九六〇年以降、一五年以上のブリティッシュ・コロンビア、ベルリン自由大学、イエールなどの欧米の大学で教鞭をとった経験から、非政治的な「論理学主義」ないしは「科学主義」がベトナム戦争、あるいは一般には第三世界への米国の非道な介入、内戦の扇動、政権の転覆、そして侵略戦争をまったく批判できないことに気づいていたのである。

「現代ヨーロッパにおける反動の論理」への一九七九年の「追記」では「自由市場」の無条件の絶対化と「疑似科学主義」を「英米型の反動思想」としている。二一世紀の今日、唯一の超大国となったアメリカとイギリスの同盟によって、この加藤の言う、「英米型の反動」が米国の覇権の下での新自由主義グローバリズムとして世界を席巻している、と言っても過言ではないだろう。

さて、一九四六年には吉野源三郎を初代編集長として創刊された『世界』に丸山眞男が「超国家主義の論理と心理」を発表する。丸山はこの論文を書く過程で従来の「立憲的君主制」としての「天皇制」の支持者から「共和主義」者へと移行した。

また同年、野間宏「暗い絵」、梅崎春生（一九一五年生まれ）「桜島」、一九四七年椎名麟三「深夜の酒宴」、中村真一郎「死の影の下に」、そして一九四八年には福永武彦の「塔」、島尾敏雄（一九一七年生）「単独旅行者」、安倍公房（一九二四年生）「終りし道の標べに」などが相次いで発表されることによって、いわゆる「戦後文学」の空間が一挙に前景化することとなる。

4 冷戦の「はじまり」と「戦後」の終わり

しかし、WWⅡ末期にはすでにはじまっていた米ソの対立は、一九四六年にはW・チャーチルの「鉄のカーテン」演説、四七年には「トルーマン・ドクトリン」の発表として顕在化し、一九四八年のベルリン封鎖、四九年のNATO成立によってユーラシアの西では一気に「第三次世界大戦」への緊張と恐怖が高まることとなる。

対して、ユーラシアの東では一九四六年に始まった国共内戦はスターリンも含めた大方の予想に反して、毛沢東率いる中国共産党の勝利に終わり、一九四九年一月には北京を首都とする中華人民共和国の成立が宣言された。

このような国際冷戦レジームの構築と同時に連合国＝米国の日本占領の目的も、非軍事化と民主化から、いわゆる「逆コース」へと急速に転換される。そして農地改革・労働改革、そして日本国憲法の影の父とも言えるハーバート・ノーマン（一九〇九年生まれ）[9]と民政局次長C・L・ケーディス（一九〇六年生）はいずれも更迭され、日本を去った。

ユーラシアの東西の戦後思想は、ここに独立左派として国際冷戦レジームへの抵抗、そして脱植民地化への応答、という新たな課題に直面することになる。

しかし、このことについては稿を改めて論じることとしたい。

9 H・ノーマンは、ケンブリッジ大学留学中に当時の「赤いケンブリッジ」のカリスマ、ジョン・コンフォード（スペイン内戦にて戦死）と親友となり、マルクス主義に急接近した。ケンブリッジにおける「植民地」部門（マジリス）担当者としてインド人留学生との関係構築の初代責任者になったのがノーマン、次がインド研究者のV・キーナン、そして三代目がE・ホブズボームであった。「マジリス」関係者には後の独立インド初代首相ジャワハルラール・ネルーもいた。したがって、ノーマンは太平洋と大西洋という「海」を横断してユーラシアの「東」と「西」の思想家たちを架橋していた、とも言えるのである。

第4章 敗戦と戦後革命

1 戦後民主主義と戦後思想

戦後民主主義という概念は、一般には頻用されているが、その内包と概念は序章で扱った民主主義同様、かなり茫漠としたものである。明治憲法体制と区別された、戦後の日本国憲法体制と同義であることもあれば、もっと広く戦後の日本社会一般の意味で使用されることもある。

また花田清輝（一九〇九年生まれ）、埴谷雄高（一九〇九年生）、平野謙（一九〇九年生）、久野収（一九一〇年生）、竹内好（一九一〇年生）、武田泰淳（一九一二年生）、都留重人（一九一二年生）、荒正人（一九一三年生）、丸山眞男（一九一四年生）、野間宏（一九一五年生）、日高六郎（一九一七年生）、堀田善衛（一九一八年生）、加藤周一（一九一九年生）、鶴見俊輔（一九二二

年生)、あるいは石田雄(一九二三年生)、篠原一(一九二五年生)、藤田省三(一九二七年生)、坂本義和(一九二七年生)、松下圭一(一九二九年生)、高畠通敏(一九三三年生)、さらに小田実(一九三二年生)、大江健三郎(一九三五年生)などの作家・思想家たちの言説を「戦後思想」と括る場合、花田、埴谷、荒、泰淳などの作家・批評家は、慣用的には戦後民主主義から外される。ただし、一九四〇〜四五年生まれ以降の新左翼ないし「全共闘」系知識人の空間では戦後思想と戦後民主主義は、いわば問答無用に批判的なコノテーションを割り振られることに関しては共通している。

また一九八〇年代の中曽根康弘の「戦後政治の総決算」、二一世紀の安倍晋三の「戦後レジームからの脱却」のように自民党政権が「戦後」という言葉を用いる場合、事実上それは戦後民主主義を意味している。同様に一九八〇年以降、日本の文化言説を席巻したポストモダニズムにおいては、なにはともあれ、戦後民主主義と戦後思想だけは否定しておくことが共通了解になっていたと言えるだろう。

このように、戦後民主主義と戦後思想は極めて曖昧でありながらも同時に論争的な概念であるために、現在の視点からはまずその言葉によって何を意味しようとしているのか明示する必要がある。

実際、民主主義というかなり一般的抽象的理念と自民党が政権党でありつづけた戦後日本の政治・社会をともに戦後民主主義という言葉で括っていては、議論は混乱するばかりである。

したがって、ここでも序章と同じく、まず歴史的文脈を辿りながら、「戦後民主主義」と「戦後思想」の再定義を行なうことから始めよう。

2 思想家たち

花田清輝、埴谷雄高、久野収、都留重人、武田泰淳、荒正人、丸山眞男、日高六郎、堀田善衛、加藤周一、堀田善衛、鶴見俊輔などの思想家たちは、第四章で論じたように、一九三一〜四五年にファシズムに対する「抵抗」を思想の核として、自らを形成した。

したがって、彼らの言説は公に登場したのは戦後であったけれども、むしろ「戦中」の思想家と呼ぶほうが相応しい。丸山眞男の著書『戦中と戦後の間』のタイトルは、そのあたりの事情を象徴している、と言えるだろう。

ただし、この思想家群は、戦後改革＝「戦後革命」と日本国憲法の理念・方向性を支持したけれども、自ら戦後民主主義という概念を創出したわけではない。一九六〇年の安保闘争までは、「戦後思想」ないし「民主主義」という言葉は、相互に独立して導入されていたものの、「戦後民主主義」という言葉はまだ誕生していなかった。一九五八年に『中央公論』にて連載され、『近代文学』、「民主主義科学者協会」、『心』グループ、生活綴り方・サークル運動、「社会科学者の思想」などを分析、一九五九年に出版された久野収・鶴見俊輔・藤田省三の共同研究のタイトルも『戦後日本の思想』である。また一九五六年に久野・鶴見がWWⅡ後の日本の思想を分析した書物のタイトルも『現代日本の思想――その五つの渦』であり、どちらにおいても「戦後民主主義」という概念は使用されていない。

丸山眞男の「大日本帝国の『実在』よりも戦後民主主義の『虚妄』の方に賭ける」という有名な言葉は、『現代政治の思想と行動 増補版』の「あとがき」に書かれたものであるが、これは戦時中、大日本言論報国会理事を務めた大熊信行の、一九六四年一月の「占領下の民主主義は虚妄」という批判に応えて、同年新たに書き加えられたものである。

この応酬の直後、一九六五年には『思想の科学』編集長を務めたこともある山田宗睦（一九二五年生）の『危険な思想家たち――戦後民主主義を否定する人々』が久野収、日高六郎、鶴見俊輔の推薦文とともにベストセラーとなり、また同年、家永三郎が国を相手どり教科書検定訴訟を起こす[1]。

家永三郎は一九四七年からの、つまり、戦後最初の歴史教科書『新日本史』の執筆者である。ところが一九六〇年に学習指導要領が改定され、六二年に家永が関わった『新日本史』は検定不合格となった[2]。ここでも、現在と同じく、歴史修正主義と戦後民主主義全否定が連動している、と位置づけることができるだろう。してみれば、自民党政権にとって――歴史修正主義と連動した――「戦後レジーム」からの脱却の試みは、一九六〇年代前半から始まっていた、とも言える。逆に言えば、この一九六二～六七年が「戦後民主主義」と「戦後思想」という二つの概念が、曖昧な形ではあれ、折り重なり、普及していった中間点となる。そして一九六八年の学園紛争以降、「戦後民主主義」は「打倒」の対象として、頻繁に——とりわけ文化産業において——言及されることで、さらにその言葉は普及していったと言えるだろう。

実際、戦後思想第二世代の代表の一人とも言える松下圭一が『戦後民主主義の展望』を出版したのは一九六五年、また「戦後文学」の数少ない第二世代である小田実の『なんでもみてやろう』の出版が一九六一年、東大在学中二三歳の大江健三郎の『飼育』による芥川賞受賞が一九五八年である。

大江健三郎は一九五九年に「サルトルにおける小説のイメージ」を卒論として東大仏文科を卒業し、一九六〇年の安保闘争の際には岸内閣による安保改定に反対した。大江は、一九六一年には安保改定の議会闘争で活躍した、「人間機関車」浅沼稲次郎社会党委員長が右翼青年に暗殺された事件を題材にした「セブンティーン」と「政治青年死す」を発表する。しかし、「政治青年死す」は右翼の脅迫に出版社が屈したため、二〇一八年まで単行本には収録できなかっ

1 山本昭宏『戦後民主主義』中公新書、二〇二一、一二七頁
2 これに対して家永三郎は一九六五年、この「検定不合格」を日本国憲法第二一条二項に定められている「検閲の禁止」に反する行為にあたるとして訴訟を起こした。この「家永裁判」とも言われる訴訟は三次にわたり、一九九七年の最高裁判決に至るまで三二年間続くことになる。

た[3]。大江は一九六三年には知的障害をもって生まれた息子との関係を描いた『個人的な体験』、一九六五年には被爆地広島を数度にわたって訪問した経験をもとに『ヒロシマ・ノート』、一九七〇年には『沖縄ノート』を発表。一九六七年には代表作の一つともされる『万延元年のフットボール』を上梓している。

他方、小田実は一九六五年に始まった米国による北ベトナム空爆に反対する市民ネットワーク、「ベトナムに平和を！市民文化連合」、通称「ベ平連」の代表となる。これは一九六〇年の安保闘争の際に小林トミを中心に結成された「声なき声の会」事務局長高畠通敏と鶴見俊輔の合議によって、従来面識のなかった小田実に白羽の矢が立ち、それに小田が応えたものである。小田は作家としては——意外に聞こえるかもしれないが——戦後文学の「マチネ」派、中村真一郎の流れを汲んでいる。小田は大阪の高校時代から中村真一郎の家に出入りし、その勧めで東大時代はギリシア・ラテン古典学を専攻した。

その意味では、渡辺一夫を直接の師とし、やはり「マチネ」の一員である加藤周一の影響も強く受けた大江健三郎と小田実の来歴はまったく重ならないというわけでもない。考えてみれば、二〇〇四年に結成された「九条の会」は加藤周一をリーダーとして、鶴見俊輔、小田実、そして大江健三郎のすべてが名を連ねている。

しかし、それはそれとして、時間を巻き戻せば、戦中密かに反ファシズムの思想を練り上げていた、花田、埴谷、久野、荒、丸山、日高、堀田、加藤、鶴見などの言説はＷＷⅡ以後数年間の間に一挙に前景化することにはなるが、彼らの言説自体が天皇制ファシズムを打倒したのではない。そうではなく、アジア・太平洋戦争における大日本帝国の破滅的な敗北が、戦後思想家たちの言説が登場する前提条件となったのである。してみれば、まず、この歴史的文脈を辿らなければなるまい。

3　初期占領方針――一九四五年九月二六日まで

八月一五日の無条件降伏は、そのまま天皇制ファシズム、さらに戦後民主主義体制へと直結し

3　一九五七年に『楢山節考』でデビューした深沢七郎（一九一四年生）も、一九六〇年『中央公論』一二月号に発表した小説、「風流夢譚」における皇室の描写を大日本愛国党および宮内庁に問題とされる。『中央公論』側は同年中に編集長の竹森清を宮内庁に「お詫び」に派遣したが、翌六一年二月三日、大日本愛国党に所属する、「右翼少年」（長崎地検諫早支部副検事の息子）が中央公論社長嶋中鵬二宅を襲撃、社長夫人をナイフで傷を負わせ、庇おうとした家政婦を殺害した。この事件にあたって、中央公論社は『中央公論』編集長竹森清を更迭、右翼評論家の福田恒存や政界のフィクサー田中清玄を仲介として「お詫び」を『中央公論』二月号に掲載することで事件を収拾するという大失態を演じた。作者の深沢七郎も謝罪の記者会見を開き、右翼の襲撃を避けるため数年間の潜伏、逃亡生活を強いられた。この事件が起こった際、『思想の科学』は社長の嶋中と鶴見俊輔が小学校時代の同級生であったこともあり、中央公論社を版元としていた。『思想の科学』は一九六一年一二月に「天皇制」特集号を企画するが、これは中央公論側によって「無断」で裁断・破棄されてしまった。このことによって、『思想の科学』は中央公論社との関係を断ち、一九六二年、都留重人の援助を受けながら、久野収を初代代表取締役として「思想の科学」社を立ち上げることになる。

たのではない。敗戦直前、米政府内では、戦前駐日大使を務めた国務次官ジョセフ・グルー、極東局長ジョセフ・W・バランタイン、ユジーン・ドゥーマンを中心とした知日派が、軍部を排除したかたちで、天皇制および旧支配層を存続させる占領計画を進めていた[4]。グルーは一九四五年五月二八日に大統領トルーマンに次のように訴えている。

日本人から天皇と天皇制を剥奪しようとする考えは非合理である。……長期的な観点から言えば、我々が日本に期待できる最大のことは、立憲君主制の成長であり、経験によれば、日本では民主制は決して機能しないことを示している[5]。

そしてポツダム会談の直前、七月二日に作成された文書には「平和的で責任ある」政府であれば、「現王朝の下での立憲君主制」も許される、と書き込まれていたのである。

しかし、この案は国務省の中国課長、後に極東局長となるジョン・C・ヴィンセントやニューディール派、大戦中に蒋介石の顧問をしていたオーウェン・ラティモアから批判が出され、最終的に「天皇制の維持」を明示した箇所が削除されたポツダム宣言が公表された。ただし、ポツダムにおいては、大英帝国の指導者として「民主主義の行きすぎ」を警戒するチャーチルとの妥協として、日本占領を間接統治とする可能性は残された。

これに対し、ニューディール派はさらに「巻き返し　new deal」を図り、最終的に初期対日占領指令案には、「民主的組織」＝労働組合への援助、財閥の解体などの「経済の民主化」が書き込まれた。また占領軍の安全を脅かさない範囲内であれば、「市民的騒擾」、つまり「下からの革命」を許容する文言も明示されたのである。この「市民的実力行使の許容」の項目はマッカーサーに衝撃を与えたとされているが、彼もまた合衆国軍人である以上、本国で決定されたこの一一月三日の「初期対日指令案」に命令に従う立場にあった。

とはいえ、マッカーサー本人は筋金入りの反共主義者であり、九月二日のミズーリ号での降伏文書の調印の後、全権大使の重光葵の「ポツダム宣言での民主化は明治憲法体制でも可能である」という直訴を受け入れ、間接統治方式の採用を決定していた。この結果、日本国内では「国体」批判を取り締まる治安維持法体制は継続されることになる。つまり、三〇〇〇人近くの政治犯は収監されつづけ、特別高等警察によって七七〇〇人もの人々が「左翼関係要観察人」として監視下に置かれている状態が続いたのである。

4 日本政府は一九六〇年、ドゥーマンに対して勲二等旭日重光賞を授与している。
5 油井大三郎『未完の占領改革』東大出版会、一九八九、二〇一頁

4 戦後改革＝戦後革命

一般に一九四五年八月一五日ないし九月二日のＷＷⅡの敗戦以降の戦後改革と一九四六年一一月三月発布、四七年五月三日施行の日本国憲法は連続した過程と見倣されている。だが、この両者は関連しているものの、独立したプロセスである。

つまり、いわゆる「戦後改革」は、憲法制定に先立って――しかもマッカーサーの意図に反して――進められた、よりラディカルな動きだったのである。憲法改正に先立つ、一九四五年一〇月から一二月の三カ月間の動きはまさに「革命」と言ってもよい劇的な変化を日本社会にもたらした。実際、この三カ月間は、連合国軍最高司令官であるマッカーサーをも翻弄した、日本史上最大の革命期であったと位置づけられる。これと比較した場合、二月三日のいわゆる「マッカーサー三原則」から始まる日本国憲法制定過程は、大枠ではマッカーサーのヘゲモニーの下に進められた。

したがって、この節では憲法改正とは独立した、一九四五年の三カ月間の「改革」＝「革命」に焦点を当てることにする。また、その際、ＳＣＡＰ／ＧＨＱにスタッフとして参加した、Ｈ・ノーマン、Ｏ・ラティモア、Ｔ・ビッソンなど太平洋問題調査会（ＩＰＲ）の若き「ラディカル」たち、とりわけＨ・ノーマンの果たした役割に注目することとする。というのも、連合国側、特に米国にはＷＷⅡ以前には東アジア研究者がほとんどおらず、一九四一年の日米開戦以降、世界戦争終了後の東アジア構想には、ＩＰＲの東アジア研究者の見解が大きな役割を果たしたからである。

さて、元来反共主義者だったマッカーサーは当初、日本の支配層と連携した「緩やかな」改革を志向していた。つまり、この点に関しては、マッカーサーは反共主義者として元駐日大使Ｊ・グルー[6]、駐日大使館参事官Ｅ・ドゥーマン[7]を中心とした国務省内保守派と方針を共有していたのである。

この保守的方針にもとづいて、マッカーサーは九月一三日に近衛と面会している。この時、すでに東条英機以下の軍人たちには九月一一日に逮捕状が出ていた。続く一〇月四日、マッカーサーは

6 Ｊ・グルーは一九四四年五月に国務省極東局長に、一二月には国務省次官に就任する。国務省次官就任にあたり、グルーは米上院において、天皇の役割を「女王蜂」にたとえ、「もし群れから女王蜂が取り除かれた場合、群れ全体が崩壊する」として天皇制の存続を主張した。この「知日」派グルーのレトリックは、まさにＥ・サイードの言う、人種主義を内在させた「オリエンタリズム」そのものである。白人を中心とした米国とは異なり「アジア」系である日本人には、「群れ」から自立して思考し、関係を構築する能力が「先天的に」欠けていると見做されている。このような「オリエンタリズム」は、日本の民衆に自己統治能力があるとの前提で「改革」を進めたＨ・ノーマン、Ｔ・ビッソン、Ｊ・Ｋ・エマソンの「アジア」観と鮮やかなコントラストを示している。

7 ドゥーマンは「反共」外交官として、Ｈ・ノーマンやＪ・エマソンを敵視しつづけ、一九五七年、米国上院司法委員会治安小委員会（ＳＩＳＳ）において、二人を「共産主義者」として糾弾・証言するに至る。当時のカナダ外相ピアソンはＳＩＳＳによるノーマンへの「中傷と根拠のないあてこすり」に対して「彼らにふさわしい侮蔑をもって処するのみ」とする演説を議会で行ない、その内容は全世界のカナダ大使館に送付された。当時ノーマンはエジプト大使である。しかし、さらなる米国の圧力を予期したノーマンは、ついに四月四日、カイロで自殺に追い込まれた。

参謀総長のリチャード・サザランド、GHQ政治顧問ジョージ・アチソン（国務省代表）[8]とともに近衛と再び会談。この場で近衛は、戦争責任を「軍部とマルクス主義者にある」と説明、これに対し、マッカーサーは自由主義的な「憲法改正の必要性」を申し渡す。

他方、戦争末期に治安維持法違反で検挙・投獄されていた哲学者三木清が九月二六日に獄死した、とのニュースが『シカゴ・トリビューン』特派員R・クローミーの記事を通じて一〇月三日に米国にて報道され、世論を大きく刺激する。またフランス通信（APF）のR・ギランと『ニューズ・ウィーク』のハロルド・アイザックスも、一〇月一日、府中刑務所にて、徳田球一、志賀義雄、金天海などの政治犯に面会、その結果を国務省からGHQに派遣されていたJ・K・エマソン（国務省）に報告[9]。エマソンはWWⅡ末期の一九四四年六月、重慶にて鹿地亘らの反戦同盟と接触、ついで一〇月には延安にて岡野進（野坂参三）らの日本人民解放連盟について調査、同時に岡野から戦後の日本共産党構想を聴取し、これをワシントン政府に報告した外交官である。また、エマソンは一九三二年以来米国に亡命していた元早稲田大学教授・労働農民党の「輝ける党首」大山郁夫と接触、さらに米国に在住しながら日本のアジア侵略を批判していた石垣綾子や在米日系人に向けた左派新聞『同胞』編集長、藤井周而とも連絡を取っていた[10]。

さてエマソンの報告を踏まえて、GHQは三木清獄死に関して日本政府に説明を要求。一〇月三日には米国務本省からSCAP／GHQ政治顧問のG・アチソンに電報が届き、ついにマッカーサーは方針を転換する。一〇月四日にはいわゆる「人権指令」によって、①内務大臣および警察幹部、思想警察関係者の罷免、②思想警察制度＝特高の廃止、③天皇制に関する自由な思想・討論・集会の保障、④政治犯の釈放、を日本政府に要求、即日、東久邇宮内閣は総辞職する[11]。この「人権指令」によって釈放された政治犯は三〇〇〇人以上に上る[12]。

8 戦争終了後の日本占領にあたって、米政府はマッカーサーの「独走」を牽制するため、国務省から、いわば「お目付け役」として一連の顧問を派遣していた。このグループのトップがG・アチソンであり、J・K・エマソンはその部下になる。また民政局次長、後の日本国憲法原案作成の責任者、C・ケーディスも、「バターン・ボーイズ」に周囲を固められたSCAP上層部への牽制として米政府によって送られた人物である。ケーディスは一九三三年のF・D・ルーズベルト政権成立とともに財務省にてニューディール政策に携わり、一九四四年八月のD-dayの際、フランス上陸作戦に参加し、その後仏占領政策に関与。一九四五年八月二五日、急遽日本占領軍に派遣された。

9 米太平洋軍総司令部（USAFPAC）が改組され、連合国軍総司令部（SCAP）となるのは一〇月二日である。

10 エマソンは近い将来の日本降伏後に、大山郁夫首班、社会党系・共産党の連立による人民戦線政府を構想していた。

11 実は、この「人権指令」が出された当日に、近衛文麿はマッカーサーに「日本の破局は軍閥勢力と左翼勢力の結合」と説明している。近衛は、この奇怪な熱弁を振るっている間に、人権指令が出され、内務省―治安維持法体制が廃止され、政治犯が釈放されることを――滑稽にも――知らなかったのである。

12 GHQ内部でもエリオット・ソープ准将を部長とする情報対策局（CIS）に所属していたH・ノーマンは遅くとも九月初めには政治犯が未解放との情報を把握し、中旬には政治犯釈放指令を立案していた。ところが、この案件が動かないため、ソープ准将とケーディス大佐が参謀長のサザーランドに督促に行っていた。つまり一〇月三日の『シカゴ・トリビューン』のスクープ、一〇月一日のR・ギランとH・アイザックの府中刑務所訪問は、ソープ准将、H・ノーマンの示唆ないし「リーク」である可能性が高いのである。ノーマンは博士論文『日本における近代国家の成立』執筆のためにハーバードに留学中の一九三五年、当時シュンペーターを指導教官としていた都留重人と出会い、共に太平洋問題調査会（IPR）の同世代のメンバーとして日本の中国侵略を批判する活動に従事していた。都留重人は旧制八

一週間後の一〇月一一日には次期首相の幣原喜重郎に、いわゆる「五大改革」指令案が伝えられる。「五大改革」とは、①参政権の付与をはじめとする婦人解放、②労働権の制度化、③教育の自由主義化＝教育勅語体制の廃止、④警察改革、⑤経済の民主化、である。またこの際、マッカーサーは憲法改正の必要性も幣原に示唆した。

とはいえ、この段階ではマッカーサーは、まだ憲法改正を近衛文麿に委ねるつもりであった。近衛は東久邇宮内閣閣僚の地位を失う前日、一〇月八日には慌てふためいてＧ・アチソンに面会を求める。この際に近衛はＩＰＲ旧日本支部の高木八尺東大教授（米国史）、牛場友彦（近衛秘書）、さらに松本重治同盟通信局長を同席させた。この会談で、アチソンは貴族院・枢密院の廃止、天皇の陸海軍統帥権をはじめとする天皇大権の縮小、警察・教育の中央集権制の廃止、国会の立法権の拡大などの大枠を、非公式に近衛側に伝達した[13]。

この日のうちに、近衛は木戸幸一内大臣を訪問・相談のうえ、改憲作業を内大臣御用掛として担当することを決意。さらに同日、近衛は高木八尺を伴い、秘書かつ婿である細川護貞を訪ね、京大法学部の佐々木惣一との連携を決定。細川は佐々木を迎えるために京都に向かう[14]。翌日、近衛は天皇に拝謁、経過を説明したうえで、一一日正午過ぎに内大臣御用掛に任命される。この間九日に幣原内閣成立、という慌ただしさである。近衛が内大臣御用掛に任命された一〇月一一日は先述したように、マッカーサーが直接幣原に「五大改革」を指令した日である。マッカーサーと幣原との会見は一一日夕刻であった。

「下からの民主化」の必要性を重視するH・ノーマン、J・K・エマソン、T・ビッソンたちSCAP内部の「ラディカル」派は、この動きに危機感を募らせた。九月二五日のノーマン、T・ビッソンの、それぞれ九月二五日、一一月二五日に妻にあてた手紙を引用しておこう。

長年抑圧され、戦時中には投獄されていた成長期の民主勢力が、助力を得さえすれば、民主的改革のほとんどを実施できるだろうし、またすべきである。……民衆自身が作り上げた民主

高（現名古屋大学教養学部）在学中の一九三〇年、治安維持法違反で検挙、三カ月留置所に拘留された後、退学処分。その後米国に留学、ローレンス・カレッジを経てハーバード経済学部に留学していた。したがって、都留は当然のことながら、日本における治安維持法体制と「政治犯」問題を熟知しており、そのことをノーマンに伝えていたと思われる。都留は一九四二年に捕虜交換船で鶴見俊輔たちとともに帰日し、敗戦を東京で迎える。九月二日の戦艦ミズーリ号上の降伏文書の調印の後、GHQは九月一五日に本部を日比谷の第一生命ビルと決定するが、その数日前にはノーマンは東京の都留重人の自宅を「友人として」訪ねている。またハーバード経済学部の友人たち、ジョン・K・ガルブレイスやポール・パラン、やはりIPRの友人、T・ビッソン、O・ラティモアが都留を一〇月中には訪問している。ガルブレイスとポール・パランは後に近衛文麿をはじめとする戦時中の指導者の「尋問」に参加している。

13　また一〇月二五日にはアチソンはJ・K・エマソン、R・T・フィアリーとともに高木八尺と再び会談、さらに詳細な条件を伝えている。ところが、すでに述べたように米本国の方針転回に従って、一一月一日には近衛はSCAPにより、憲法改正の任を解かれるのである。当時の情勢がいかに緊迫したものであったかを物語る。

14　近衛が京大の佐々木惣一を選んだのは、自身京大在学中に佐々木の憲法講義を受講したからである。また木戸幸一、細川護貞も京大である。幣原内閣の松本烝治委員会がほぼ全員東大法学部関係者で占められていたのとは対照的と言えよう。なお、高木八尺は東大法学部ではあったが、法学科ではなく、政治学科である。

主義のみが永続性のある民主主義であり、上から押し付けられた民主主義は失敗するに決まっている。

このところ、近衛・木戸グループが物静かながら総司令部にとり入りはじめている。そう急に事が運ばないとしても、彼らは髪の毛一本も変えることなく、（戦前の）寡頭政治を残すのに成功するだろう[15]。

しかし、一一月五日、ノーマンはアチソンに近衛・木戸（内大臣）等に関する「戦犯容疑」覚書を提出。このメモランダムにもとづき、一一月一七日にアチソンは米国務長官バーンズに近衛の戦犯容疑に関する報告書を送付し、同時に米国内のマスコミも近衛が改憲作業の中心にいることを大きく取り上げ、批判を展開した。

ここに至ってついにマッカーサーは方針を変更、一二月四日には梨本宮、平沼元首相、広田元首相・外相等五九名、六日には近衛、木戸等九名にも戦犯容疑者として逮捕状が出された。つまり近衛文麿はマッカーサーに「見捨てられた」のである。

この過程を見ると、「人権指令」および「五大改革指令」は、マッカーサーではなく、H・ノーマン、T・ビッソン、J・K・エマソンなどのGHQ内の「若きラディカル」たちとニューディール左派のジャーナリストたちの連携によって「誘導」された、と位置づけることができるだろう。

また一九四六年五月まで民間情報局（CIE）局長として人権指令や国家神道解体を指揮したK・R・ダイク准将、ノーマンの上司である情報対策局局長ソープ准将なども、この「若きラディカル」たちの動きを支持した。このことによってマッカーサーは自身構想していた日本占領計画の変更を二度にわたって強いられることになり、一九四七年一一月三日の新憲法発布までは「民主化」という言葉が文化へゲモニーとして機能する時代になる。

さて、「五大改革指令」のうち、「経済の民主化」とは、要するに財閥解体である。SCAP内部では、ヒトラーおよびフランコ崇拝者であるドイツ系米国人のウィロビー准将――マッカーサーに「我が愛するファシスト」と呼ばれていた――率いる軍事情報部（G2）[16]は日本を「反共の基地」とするために財閥解体に反対したが、まだニューディール期の「反独占」の空気が連続していた米本国世論やイギリス政府の動向に押され、マッカーサーは解体作業を決断する。

この財閥解体には、トーマス・A・ビッソン、ミリアム・ファーレイ、エレノア・ハドレー

15 油井前掲書、二三二―二三三頁。実際、近衛・木戸が排除された後も、幣原内閣の外相であった吉田茂は、SCAPの軍事情報部（G2）部長のG・ウィロビー准将やマッカーサーの副官L・E・バンカー大佐との関係を密にしていた。この吉田とSCAP内部右派の「連絡係」となったのが、白洲次郎である。

16 ウィロビーをトップとした軍事情報部（G2）は、マッカーサー、ウィロビーと同じく「反共保守」で固められており、占領初期にはソープ准将の情報対策局、後憲法改正を担当した民政局のホイットニー准将と激しく対立した。いわゆる「逆コース」以降、SCAP内でヘゲモニーを握り、三鷹、松川、下山事件、また鹿地亘「誘拐」事件などを担当したのもG2内部の「キャノン機関」と呼ばれる組織である。

など（すべてＩＰＲ関係者）が関与した。また経済局（ＥＳＳ）の反トラスト課第三代課長セオドア・コーエン、労働課第二代課長エドワード・ウェルシュは「ラディカル」ではないが、ニューディール派としてこれに協力した。付け加えておくと、労働課のアンソニー・コンスタンチーノやレオン・ベッカーは一九三〇年代の米国労働運動に参加した「ラディカル」であり、その経験から日本の労働運動再建に積極的な立場であった。

さらに農地改革には日本の農業問題に詳しいＩＰＲのアンドリュー・グラジダンツェフが、反共ではあるが、米国革新主義の「反独占」の立場のウルフ・Ｉ・ラジェンスキーとともに関わった。農地改革に関しては、方向性としてはすでに日本の革新官僚の間で戦時中に模索されてはいたが、戦後の農地改革のようなラディカルな結末は、革命でもなければ不可能である。したがって、戦前・戦後の連続が最も強いとされる農地改革においても、革命的非連続は前提としなければならない。

ここで特記して確認しておく重要性があるのは、女性参政権は憲法改正作業を待たずに、一〇月一一日の「五大改革」指令において、すでに日本の支配層に「押し付け」られていたこと、これである。

この一九四五年一〇月四日の人権指令から一一日の五大改革指令、一二月初旬の近衛・木戸などのいわゆる重臣グループの排除、という一連の革命的過程――マッカーサーの意図に反した――において、ＳＣＡＰ内部で最も大きな役割を果たしたのは、Ｈ・ノーマンである。同じＩＰＲに所属していたとはいえ、ラティモアやビッソンは中国専門家であり、すでに『日本における近代国家の成立』（一九三九）において博士号を取得していたノーマンの日本専門家としての影響力は一頭他を抜きん出たものであった。

後に日本国憲法草案の責任者となった民政局次長のC・L・ケーディスによれば、ケーディスを含むSCAP内ニューディール派にとって、日本社会に対する「解読格子」を提供したのは、ノーマンの著書と見識であった。マッカーサーでさえ、時にはノーマンと個人的に会見し、また通訳として同席させるほど信頼を置いていた。たとえば、有名な天皇とマッカーサーの一九四五年九月二七日の会見の際、天皇の側からマッカーサーへの「謁見」の希望の申し出をGHQ内で最初に知らされたのはノーマンであった。一九四七年、カナダ在日代表部前でのノーマンとマッカーサーとの「寛いだ様子」のショットからは、この時点でまだマッカーサーのノーマンへの信頼が揺らいでいないことが見て取れる。ただし、ノーマンがマッカーサーの意に反する「戦後改革」＝「戦後革命」を主導したことから分かるように、ノーマン自身は外交官として「慎重に」マッカーサーに対応していた。

このことは、すでに日本の敗戦が決定的になっていた一九四四年にノーマンがIPRの機関誌『パシフィック・アフェアーズ』において、天皇制を「対外侵略と国内の愚民化のために設計された社会機構」とし、ゆえに日本統治のために天皇を「良くも悪くも利用できる」とするJ・グルーなど保守派の見方を厳しく批判、日本の民主化のためには、「憲兵隊、特高警察の解体、また国家主義的団体指導者の戦犯追及の必要」としていたことからも裏づけられる[17]。また一九四五年一月に開催された国際IPR第九回ホット・スプリング会議（米国）には、米国からラティモア、グラジダンツェフ、カナダからはノーマンが参加、天皇制の存続・利用を主張する英国IPRに対し、ラティモアは天皇制廃止と共和制への移行を主張した。

日本では一九四五年二月一九日の『朝日新聞』が、ホット・スプリング会議に関して一面七段抜きで報道、これを社説で「心の武装を求む」と題して次のように批判した。

米国太平洋問題調査会の作成にかかる日本処分案なるものは、不逞なる言辞を弄し、不遜なる野望を暴露せる点において、単にかれらの白日夢として笑殺すべからざるものを含んでいる。なかんずく、神を畏れざるの傲岸をもって、わが国体にまで論究せる点、まさに一億の血を逆流せしむるに十分である。これに対する日本国民の回答は、前線において、国内戦場において、事実により、力によって、示されるであろう[18]。

まさに、これは朝日新聞の戦争責任の象徴とも言える文章であろう。

ノーマンは一九〇九年、カナダ・メソジスト教会宣教師の息子として信州軽井沢に生を享けている。一九二〇年神戸のカナディアン・スクールに入学。一九二九年カナダのトロント大学ヴィクトリア・カレッジに進学。専攻はギリシア・ラテン文学、ギリシア語・ラテン語は最優秀、英国ケンブリッジ・トリニティカレッジへの二年間の奨学金を獲得。ケンブリッジではヨーロッパ中世史を専攻、『シチリアの晩鐘』、『ブルガリアとその文明』の著者、東ローマ帝国史専門のスティーヴ・ランシマンを指導教官とした。

ノーマンが英国に留学した一九三三年は「世界大恐慌　Great Depression」の後の混乱を経て、ドイツではナチスが政権を奪取した年である。当時ケンブリッジでは、G・H・ハーディ（数学）、J・B・ホールデン（数学・遺伝学）、L・ホグデン（動物学・遺伝学）、C・H・ワディントン（発生学・遺伝学、古生物学）、J・D・バナール（結晶学、現代分子生物学の創始者）、J・ニーダム（生化学・及び科学史）、P・ブラケット（物理学、ノーベル賞）、そして一九二八年、二八歳で「場の量子論」に関する波動方程式を完成させ、量子力学から素粒子力学への道を開いた二〇世紀を代表する天才物理学者の一人、P・ディラック（ノーベル賞）などの自然科学者も巻きこみながら、平和主義的左派が急速に拡大していた。

すでにカナダ時代には、キリスト教社会主義の立場から世界恐慌後の資本主義体制の「持続可能性」に疑問をもっていたノーマン[19]は、この「赤いケンブリッジ」、とりわけダーウィンの曾孫、

17 油井大三郎『未完の占領改革』東大出版会、一九八九、一七六ー一七七頁。
18 同、一九〇頁
19 ノーマンの父が所属するカナダ合同教会（メソジスト派）は、一九三〇年にはトロントにおける会議で「イエス・キリストの教えの適用は資本主義制度の終焉を意味する」という文言を含む宣言を採択している。ハーバートの父ダニエルや兄ハワードはこの立場である。

J・コンフォード（詩人）から直接の影響を受け、さらにラディカル化する。留学時代のノーマンの重要な「仕事」としては、当時大英帝国の「植民地」であったカナダ出身者として、ケンブリッジ内部の「マジリス」と呼ばれるインド人留学生グループとケンブリッジ内共産党組織の関係を構築、最初の責任者となったことが挙げられる。ノーマンはこのことによって、当初親睦団体に過ぎなかった「マジリス」を反ファシズム、平和主義、そして植民地独立のための討議組織へと誘導した。ケンブリッジ内のこの部門の次の責任者が、やはりトリニティ・カレッジで英中関係史を学び、一九三四年に共産党に入党したJ・キールナン、その次が、やはり一九三六年に入党、後に二〇世紀を代表する歴史家の一人となるE・ホブズボームである。

ノーマンが帰国した一九三五年には一時的にインド当局から釈放されていたJ・ネルーが母校を訪問、キールナンがコーディネーターとなってケンブリッジ全学生討論クラブ「ユニオン」においてインド独立を訴える長大な演説をしている。またホブズボームとケンブリッジで交流をもったインド人学生には、後インディラ・ガンディー政府の閣僚のM・クマランガラム、スリランカ共産党総書記のP・クーネマン、またインド共産党総書記、後内務大臣のI・グプタなどがいる。またLSEに留学、後インディラ・ガンディー政府官房長官となるP・N・ハクサールもこのネットワークに参加していた。

とはいえ、ノーマンの帝国主義・反植民地主義への関心は、決してケンブリッジ留学においてはじめて惹起された性質のものではない。一七歳の時、結核のため療養したアルバータ州カルガリーから兄ハワードに宛てた手紙の中にはすでに白人帝国主義を批判する激しい言葉が連ねられている。

白人の悲しむべき軍国主義的・侵略的政策のおかげで、平和を愛好する普通の人々、深い精神性を持つ東洋人やヒンズー教徒は、今や完全に立ち上がり始めている……もし時来たらば、彼らはそれまで自分たちを食い物にしてきた白人国家を白人の諸国家を覆し、滅ぼすだろう[20]。

白人たちは、キリスト教の布教や慈善、教育によって自らの過去の過ちを贖おうとしている。……しかしその贖いの行為は、白人が激しく憎まれていること、しばしば憎悪の対象となっていることという明白な事実を消し去ることはできない[21]。

この一七歳の時のノーマンの反植民地主義は、ケンブリッジ・トリニティカレッジでの二年間で、さらに具体的に練り上げられ、実践された。カナダ帰国後、ノーマンはアパー・カナダ・カレッ

20 中野利子『外交官E・H・ノーマン』新潮文庫、二〇〇一、五二頁
21 同書、五二頁

ジの古典教師として生計を立てながら東洋史の研究を続ける予定だったが、半年で解雇される。一九三六年三月のヒトラーによるロカルノ条約破棄、ラインラント侵攻をめぐってナチス支持者の複数の同僚と激しい口論をした結果である[22]。しかし、幸いにもノーマンはロックフェラー財団奨学金を得て、ハーバード大学燕京研究所で二年、コロンビア大学で一年の研究を続行、一九三九年には博士論文『日本における近代国家の成立』を完成させる。この間、ケンブリッジでのノーマンの友人、E・C・マクローニン（やはり「植民地」であったニュージーランド出身）、そしてノーマンに決定的な影響を与えたJ・コンフォードがスペイン市民戦争に志願し、その地で一九三七年、戦死している[23]。

この二人の友人の死は、もう一つのケンブリッジ（ハーバード）においてノーマンを国際ファシズムとの戦いへ駆り立てる。ノーマンはIPR会員となるとともに、日本の中国侵略を批判し、中国への救援資金を集めるためのボランティア委員を務め、この過程で石垣綾子と知友となる。

学業的にはノーマンは日本語・日本史とともに中国語・中国史・中国史史料演習のすべてにおいてAの成績であった。ノーマンが、日本語・日本史だけでなく、中国語・中国史・中国語史料にも通じていたことは、後にIPRで中国専門家のラティモアやビッソンとの関係を円滑にするだろう。

さて、ここで太平洋問題調査会（IPR）について、少し整理しておく。

IPRは、元来、両大戦間に太平洋地域における政治・経済・社会の諸問題を多国間で討論する民間ネットワークとして一九二五年に立ち上げられ、米国、日本、中国、英国、オーストラリア、ニュージーランド、カナダ、後にフランス、オランダ、ソ連、そして一九二九年までは朝鮮に各国支部を置く[24]というかたちで組織化されていた。日本支部は一九二六年に立ち上げられ、評議会会長は渋沢栄一、理事長に日銀総裁の井上準之助、後に新渡戸稲造、理事に高木八尺、高柳賢三、鶴見祐輔（俊輔の父）などが就任した。このIPR日本支部は、松本重治、牛場友彦、蠟山政道を中心に一九三〇年、東京政治経済研究所を設立、近衛のブレーン集団としての道を歩む。近衛が一〇月四日にマッカーサーと面談した際、高木八尺、牛場友彦、松本重治を同行させたのは、この文脈である。

22 カナダ外務省の元同僚、H・S・ファーンズによれば、この「解雇」事件以降、ノーマンは自身の思想を公にすることには「非常に慎重になった」。このノーマンの「慎重さ」は一九三九年、カナダ外務省に入省してからはさらに磨きがかけられた。したがって、「反共」ファシストが多数いるSCAP内、またファシストではないにしても断固たる反共主義者であるマッカーサーに対しても、ノーマンの、この練り上げられた「慎重さ」は行使された、と思われる。

23 ケンブリッジからはスペイン市民戦争の際、国際旅団に推計四〇～五〇人が志願したとされている。なお、ノーマンは一九三五年、ケンブリッジから帰国する際、J・コーンフォードからR・パスカルの『ドイツ宗教改革の社会的基礎』を記念に贈られた。一〇年後の一九四五年、ノーマンは、自著『明治維新』をめぐって個人的に二カ月にわたり議論に応じてくれた羽仁五郎にこのパスカルの本を進呈した。ノーマンの羽仁五郎に対する「友情」の深さを物語るエピソードである。

24 朝鮮支部は日本IPR関係者の圧力で一九二九年に廃止された。戦前の日本の基準では「リベラル」とされる、新渡戸、高木、高柳、鶴見などの「植民地主義」への加担を物語る出来事である。

新渡戸をはじめとして、高木、鶴見、それに国際法学者の横田喜三郎は一九三一年の「満州事変」には批判的な態度を示したものの、一九三七年の日中戦争開始後、日本IPRは急速に「東亜共同体論」へと傾斜していく。そして一九四一年の日米開戦以降は「大東亜共栄圏」構想に協力することで延命しようとしたが、結局一九四三年には「敵性調査機関」として解散に追い込まれる。

他方、一九三三年には米国IPR事務局長だったE・カーターが国際IPR事務総長となり、IPRは、一挙にアジアの反植民地主義の側に共感を寄せる路線へと「左傾化」する。E・カーターは一二年間にわたってインドにおいてYMCAの布教活動に従事した、キリスト教社会主義、つまりノーマンの父とほぼ同様の位置に身を置いた人物である。一九三四年には、やはり宣教師の息子として中国に生まれ育ち、独学でモンゴル・中国研究者となったO・ラティモア（一九〇一年生）が国際IPRの機関誌『パシフィック・アフェアーズ』の編集長に抜擢される。ラティモアは一九四一年には大統領フランクリン・ルーズベルトから重慶の蒋介石の下に「顧問」として派遣されることとなる。カーターの秘書で米国IPR事務局長となったF・W・フィールド（一九〇五年生）は、LSE留学中にハロルド・ラスキの影響を受けて社会主義者になるとともに、ホブスンやレーニンの『帝国主義論』に通じた、反帝国主義者・反植民地主義者でもあった[25]。

フィールドは、アジアの民衆と米国の「ラディカル」を結合させるために日中戦争前夜の一九三七年三月、F・J・ジャッフェ、T・ビッソン、冀朝鼎らとともに雑誌『アメラジアAmerasia』を創刊する。創刊号には当時国務省極東局長だったS・ホーンベックが巻頭論文を

――個人の資格ではあれ――寄稿、また『ニューヨーク・タイムズ』によって報道されるなど、米国内世論に一定の影響力のあるメディアとなる。同年、フィールドとビッソンは、日本・朝鮮・中国を調査旅行、その際O・ラティモアを通じて、国務省のJ・K・エマソン、エドガー・スノー、F・ジャッフェとともに中国共産党の本拠地延安を極秘訪問、毛沢東に直接インタヴューする機会を得た。

一九三五年にハーバードでノーマンと出会い、友人および共同研究者となっていた都留重人は、カーター国際IPR事務総長に紹介され、IPR関係者となる。都留はIPRネットワークの中で、ジャッフェ、ビッソン、冀朝鼎そして『現代中国問題』（一九三三）の著者、陳翰笙の知己を得る。当時のIPRサークルにはWWII後のマッカーシズムに協力するカール・ウィットフォーゲルもいた。

25 F・W・フィールドの母は、米国の著名な鉄道王コルネリウス・ヴァンダービルトの孫である。「赤狩り」の際、「赤い大富豪」として批判されたフィールドはメキシコに移住、欧州による征服以前の考古学に従事した。一九六〇年にE・カーターの後任の国際IPR事務局W・ホランドにブリテッシュ・コロンビア東アジア研究科に准教授として招かれた加藤周一はメキシコのヴァンダービルドを訪問、当地で「マエストロ」佐野碩と会った。佐野碩は、一九二〇年代末に演出家としてプロレタリア演劇で活躍し、その後、欧州を経てメキシコに亡命、当地でスタニラフスキー・システムとメイエルホリドの演出技法にもとづいた「近代演劇」の父となっていた。国際IPRは一九五四年のJ・マッカーシー失脚後も続く一九五〇年代を通じて続いた「反共」・「赤狩り」の中でついに一九六一年解散に追い込まれ、機関誌『パシフィック・アフェーズ』だけはW・ホランドを編集長として、カナダのブリテッシュ・コロンビア大学に拠点を移して発行されることとなった。実は、ブリテッシュ・コロンビア大学が一九五五年に東アジア学部を創設するにあたり、大学側はH・ノーマンに学部長就任を打診していた。

その後、都留重人は、ノーマンとともに創刊された『アメラジア』に――ペンネームで――積極的に寄稿、協力する。とりわけ、創刊直後の七月七日に日中戦争が勃発、一二月には日本軍が首都南京を占領、民間人を大量に虐殺する南京事件が発生、一九三八年一一月には「東亜新秩序建設」を近衛文麿が唱える、という事態の急展開の中で、自らの博士論文完成を中断し、戦時下における日本経済を分析する論文を発表した都留のＩＰＲへの「関与　アンガジュマン」には注意を払っておく必要があるだろう。

都留はその後、シュンペーターの指導の下、一九三九年に『日本における資本主義とビジネス一八六八―一八九七』にて博士号を取得。ハーバードの同期生には、後に新古典派総合経済学のリーダーとなるポール・サミュエルソン、米国では稀なマルクス経済学者となるポール・スウィージー、ポール・パランなどがいる。この当時のハーバードは、いわゆる「ケインズ革命」導入の渦中にあり、都留は、その「革命」にサミュエルソン、スウィージー、そしてＪ・Ｋ・ガルブレイスなどとともに立ち会っていた。

一九三八年、一時期帰日した際、都留は西園寺公望の秘書原田熊雄を介して、内大臣木戸幸一の姪、和田正子（父は木戸の弟、和田小六東大教授）と結婚し、その後帰米してハーバードでスウィージーとともにセミナール講師としてマルクス主義経済学を教え始める。ところが、一九四一年一二月八日に日米開戦となり、四二年春には捕虜交換船で、野村吉太郎駐米大使、鶴見和子・俊輔姉弟とともに帰日することとなる。この時、都留は三〇歳である。

帰国後、都留は外務省北米課に嘱託として勤務中の一九四四年六月に「教育召集」され、宮崎県都城において二等兵として三カ月を過ごす。しかし日ソ中立条約破棄が通告された直後、日本政府のソ連への「クーリエ＝使者」として白羽の矢が立ち、外務省職員としてモスクワ・ウラジオストックを訪れ、書類を受け取り帰国。この際、都留はもちろん、書類の中味は「知らされていない」。おそらく敗戦直前に日本政府が試みたソ連を通じた和平交渉の段取りの一環であったと推測される。最終的にこの試みは七月二六日のポツダム宣言直前の——IPRの松本重治を伴った——近衛の訪ソ計画へとつながるが、当然のことながらスターリンには相手にされなかった。

一九四五年二月のヤルタ会談において、ルーズベルト、チャーチルの要請に応え、ドイツ降伏後三カ月後には参戦すると確約していたスターリンは、八月八日、対日宣戦布告（ドイツ降伏は五月七日）。ソ連軍はいっせいに「満州」、朝鮮、樺太に侵攻した。近衛文麿は——今日からは「不可解」としか形容しようはないが——この事態をまったく予想していなかった。翌八月九日、近衛は木戸幸一が寄寓していた弟和田小六の家に慌てふためいて駆け込んできた[26]。都留重人は、この時、義父和田小六と同居していたために、公爵近衛の動転ぶりを目の当たりにすることになる。

敗戦後、都留重人は吉田茂の命によりSCAPの経済科学局（ESS）に一九四六年四月から課長として出向。ただし、都留はGHQ本部が東京日比谷の第一生命ビルに決定する一九四五年九月一五日以前に、IPR時代の盟友H・ノーマンと国務省のJ・K・エマソンの訪問を受けている。また一〇月二〇日には「戦略爆撃調査団」メンバーとして来日していた、ハーバード時代の知友であるP・パラン、J・K・ガルブレイス、T・ビッソンが都留宅を訪れた。一一月五日のノーマンのメモランダムに基づいて、東京湾上の米軍艦アンコン号上で近衛文麿を尋問したのは、この調査団のメンバー、中でもP・パランである。この際も近衛は中国侵略、日米開戦の責任をすべて「軍部および東条英機」に帰した。また一一月にはSCAP内の賠償問題担当、天皇制廃止論者のラティモアが都留を訪問している。

ところで、近衛と同時に一二月六日に「戦犯容疑」で逮捕指令を出された「もう一人の大物」木戸幸一内大臣は、都留の義理の伯父にあたる。そこでP・パランがやはりハーバード出身の国際検察局の捜査課長B・E・サケット中佐を通じて、極東軍事裁判の首席検事ジョセフ・キーナンと都留重人の「会食」を一二月四日に設定。その場でサケットは予審を行なうことを提案、キーナンも都留が通訳を務めることを前提にそれに同意した。一二月二一日、巣鴨に都留は木戸幸一を迎えに行き、キーナンをはじめ極東軍事裁判の検事一〇人が宿舎としていた「服部ハウス」にて予審尋問が行なわれた。この際、木戸は裁判資料として、いわゆる『木戸日記』を都留を通じて提出することに同意した。

この後も、都留重人は財閥解体に関連して来日したC・エドワーズと一九四六年一月に会い、二月には金融緊急策対応の案件でボグダンとタマニアと議論、三月に民政局の新憲法草案と日本政府の交渉に関してSCAP側責任者ケーディスと討議、という慌ただしいスケジュールである。ちなみに日本政府案として新憲法要綱が発表されたのは三月六日であるから、都留はそれ以前にケーディスから「意見を求められた」ことになる。

このように整理すると、ノーマンをはじめとするSCAP／GHQにおけるニューディーラーおよび「ラディカル」が主導する、戦後「改革」＝「革命」にあたり、日本側からの相談者「代表」は都留重人であったと見做してほぼ間違いないだろう。都留が政治経済の学術概念も含むバイリンガルの英語話者であったことも、「代表」としての仕事を容易にしてくれただろう。ただし、これはあくまで「相談」であって、決定権は都留にはない。実際、三月二日の段階の憲法草案二八条にあった「土地及び一切の天然資源の究極的所有権は人民の集団的代表としての国家に帰属す」に、都留重人は社会主義者として強く賛同したが、これは日本政府の強い抵抗にあい、削除されている。

とはいえ、これは都留がまったく戦後改革に対する影響力がなかったということではない。経済科学局（ESS）局長W・マッカートは、R・サザーランド参謀長、C・ウィロビー軍事諜報

26 木戸幸一邸は一九四五年五月の空襲で焼失していたため、弟和田小六の邸に身を寄せていたのである。八月一〇日早暁の御前会議でポツダム宣言受諾は決定したが、これを認めない「尊攘義軍」を名乗る急進右翼は、「和平論の元凶筆頭」として木戸内大臣を位置づけていたため、八月一五日木戸幸一邸を襲ったが、すでに焼失した木戸邸に内大臣は見当たらず、翌一六日に和田小六邸を襲撃。この際都留重人夫妻が応対、駐在させていた木戸幸一の甥の陸軍少佐に「説得」され、尊攘義軍は「焼き討ち」を中止し、砂利道を石油缶を引きずりながら引き上げていった。飯島与志雄を指導者とする、この尊攘義軍一〇名は、万延元年桜田門外にて井伊直弼を暗殺した水戸浪士が集合したと伝えられる愛宕山六角堂にて八月二二日、手榴弾で自決。ちなみに兄である木戸幸一に風貌が似ていた和田小六は「用心のため」、八月一四日以降は、東京工大で外泊していたのである。木戸も同じく八月一四日には宮内省内に移動していた。

部部長などと同様、「バターン・ボーイズ」と呼ばれるマッカーサー側近の軍人であり、占領初期の経済政策の具体的立案の一部は都留重人に任させされることも多かったからである。

また戦後「改革」＝「革命」への傾斜とともに、従来の官僚機構の上にSCAP／GHQは経済安定本部を創設、総裁＝吉田茂首相、長官＝石橋湛山としていたが、一九四七年四月の総選挙で社会党が第一党となり、片山哲内閣が成立すると、長官は一九四一年の企画院事件で逮捕された和田博雄（後に社会党左派指導者）、六月には四人の次官のトップに都留重人が着任する[27]。経済安定本部、いわゆる「安本」には、一定の司法権・検察権、それに予算分配権の一部も委ねられており、また片山内閣時の官房長の山本高行、官房次長の稲葉秀三[28]、都留重人は同じ部屋で執務、都留の机の上にはSCAPとの直通電話も置かれていたというから、都留がこの時点での戦後「改革」の日本側中心グループの一員であったことは間違いない。

しかし、この一九四七年六月から四八年三月までの片山首相、和田経済安定本部長官、都留重人筆頭次官の時代は、戦後改革＝革命から「逆コース」への転換の中間期にあたる。というのも、内閣成立後のわずか三カ月後、一九四七年一二月にはすでに、国際冷戦レジームによる世界空間の再編成にともなって、片山―和田―都留のラインは、米政府には邪魔な存在となっていたのである。したがって、一九四八年三月の片山内閣の倒壊が、戦後「改革」＝「革命」の時代の終焉を画する、と言えるだろう。

すでに一九四六年三月にはチャーチルが米国ミズーリ州フルトンで有名な「鉄のカーテン」演説

をしていたが、東アジアでは一九四六年六月に開始された国共内戦が、当初の国民党圧倒優勢から四七年中頃には形勢が逆転し、蒋介石は次第に追い詰められていく。この状況下で一九四八年一月六日、ロイヤル陸軍長官がサン・フランシスコで、日本占領基本方針の「民主化」から「反共基地」構築への変更を宣言したことで、米政府が「逆コース」を選択したことは――日本の保守勢力も含めて――世界の目に明らかになりはじめる。

すでに指摘したように元来SCAP内部には、「バターン・ボーイズ」の一員、J・ウィロビー准将の軍事情報部（G2）を中心として、日本を「反共の砦」とするべき、とする立場から、戦後「改革」＝「革命」に強く反発するグループが存在していた。したがって、米本国の方針転換を待ちわびていたウィロビーたちはこの機をつかんでSCAP内部でのヘゲモニーを掌握、猛烈に「逆コース」を推進していくのである。この過程で、改革に携わったニューディーラーおよび「ラディカル」たちは、ウィロビーによって次々と排除されていく。

G2はすでに一九四六年八月からSCAP内部の「左翼シンパ」の調査を開始し、一九四七年六

27 他の次官、当時の用語では「副長官」は、建設・貿易・交通担当が永野重雄、財政・金融・生活物資・労働担当が堀越禎三、監査担当が田中巳代治。外局として物価庁が置かれ、次長は大原総一郎とされた。この上、司法権と検察権の一部を与えられていたのであるから、経済安定本部は、まさに「もう一つの官僚統治機構」であったのである。

28 稲葉秀三は、一九四一年の企画院事件で和田博雄とともに治安維持法違反で逮捕されている。稲葉・和田は、美濃部洋次（達吉の兄）、吉野洋次（作造の弟）、勝間田清一（後に社会党委員長）、岡倉古志郎などとともに、典型的な革新官僚グループのメンバーである。

月には「GHQ内の左翼的要員」とする報告書をマッカーサーに提出[29]。そこではIPRは「極めて左翼的圧力団体」とされ、ビッソン、ファーレイ（財閥解体担当）、グラジダンツェフ（農地改革担当）が名指しで批判されていた。そしてSCAP内部のニューディーラーおよびラディカルは一九四七年中に、本国に召還されるか、あるいは失意のうちに自ら帰国を選んだ。そしてGHQ内部のニューディーラーとしては最高位の大佐であり、日本国憲法草案の実質的な責任者であったC・ケーディスも、ついに一九四七年一二月に民政局スタッフに政治改革プログラムの終了を宣言――「革命は終わった」――とし、自らも一九四八年一一月に一時帰国、そのままGHQ辞職に追い込まれたのである[30]。

こうした状況の中で、ノーマンはただ一人、駐日カナダ代表として、一九五〇年一〇月まで東京に留まり、「孤軍奮闘」することになる。

「逆コース」へのノーマンの抵抗の姿勢は、戦前からの部落解放同盟の指導者であり、また戦後結成された社会党の最左派の位置を占めた松本治一郎の公職追放事件の際に明示される。敗戦後、一九四六年二月に結成された部落解放全国委員会の委員長に選出された松本治一郎は、最後の帝国議会[31]での新憲法草案審議において華族制度即時廃止に大きな役割を果たす。

つまり新憲法原案では華族について、「生存中に限りその地位」を保障するとの条文があったのだが、この条文は部落解放全国委員会の社会党への影響力によって削除されたのである。また一九四七年二月の参議院選挙で当選し、参院（旧貴族院）副議長になった松本治一郎は、一九四八年一月の開院式には、「天皇を神格化している」との理由で欠席する。大江志乃夫が指摘しているように[32]、「皇室の藩屏」である華族制度を即時完全廃止させ、あまつさえ「華族の殿堂」であった貴族院副議長となり、そのうえ天皇への拝謁を公然と拒否した松本治一郎に対して、旧支配勢力の「憎悪」は集中した。

一九四八年一〇月に政権を奪取した吉田茂は、すでに「逆コース」を選択したSCAPに松本治一郎の公職追放を求める書簡を首相として送り、一九四九年一月には、この追放は許可された。こ

29 G2は「五大改革指令」で「解体」されたはずの特高、憲兵、日本軍諜報機関、高級参謀を雇用・吸収しただけではなく、一九四六年一一月には歴史課を設置、ここにも旧日本軍の参謀、将校の多くが雇用された。

30 ケーディス自身も、エレノア・M・ハドレーや経済科学局反トラスト・カルテル課長のウェルシュら他のニューディーラーとともに、日本の公安当局の協力を得たG2に監視され、失脚させられた。帰国後、ケーディスはニューヨークの弁護士事務所に勤務すると同時に米国IPRに入会。一九五〇年代の「赤狩り **naming names**」によって米国IPRが迫害された際には、法廷での弁護に従事した。

31 最後の帝国議会は一九四六年四月に、男女参政権平等の下で選出され、事実上の「憲法制定議会」となった。結果は鳩山一郎の自由党が一四一議席で第一党、幣原の進歩党が九四議席で第二党、社会党は九三議席で第三党であった。またはじめて合法政党として選挙に参加した共産党は五議席。女性代議士は加藤シズエほか三九名。院内の権力闘争により、自由党の鳩山一郎が組閣を始めるが、五月三日、SCAPから「公職追放」。代わって、吉田茂が自由党党首として第一次吉田内閣を開始するのである。それにしても、二〇二四年現在の衆院の女性議員は四五名である。この「変化のなさ」に現れている日本の男性支配の継続性には、驚くほかはないが、ただ驚いてばかりでは済まされない。可及的速やかな、「革命的」変化が求められるだろう。

32 大江志乃夫『戦後改革』小学館、一九七六、二一二―二一四頁

の際、ノーマンは、松本の追放を承認しないよう、懸命にGHQに働きかけている。しかし、すでにこの時にはノーマンはウィロビーのG2による「公然たる」監視の対象となっていた。羽田にIPR元事務総長E・カーターを出迎えに行った際には、複数のCIA職員にあからさまに監視され、随行した大窪愿二の鞄は検査された。これは、もはやウィロビーによる「威嚇」といってよいだろう。

こうした状況下でノーマンは一九四八年、慶応大学での講演「説得か暴力か――現代社会における自由の問題」において、「自由の辿る道はけっしてまっすぐなもの一本道ではなく、むしろ曲がりくねった道であって、ときには袋小路に入り込み、そこからまた苦しい回り道をしなければならない」として、さらに次のように語りかける。

自由は意識的にかちとられなければならないもの、熱心に守らなければならないものである。自由はそれが永らく勢力をもっていた国においても、これをおろそかにしたり冷淡であったりするならば、失われてしまうことがありうるものです[33]。

どんな政党、どんな宗教的信条、どんな社会階級も自由への奉仕において独占権を主張することはできない[34]。

これはまさに国際冷戦レジームにおける、米国を覇権国家とする「自由主義」ブロックおよび、ソ連を盟主とする共産主義ブロックの「真理の独占」の双方に向けられた、ノーマン自身の危機感の表出とも言えるだろう。さらにノーマンは、再武装化と国際冷戦レジームへの統合へ向かう日本を念頭において、「人民大衆」は正確な情報を提示されるならば、「聡明で正しい選択をするもの」とし、「長いあいだの激烈な戦争宣伝」と侵略戦争への警戒を呼びかける。

人民の心が隣人に対する憎しみと恐れでみたされるように、まず人民に統制を押しつけ人民を戦争謳歌でもって逆上させることに躍起となるのは、ほかでもない、侵略戦争を種に人民の生き血を搾ろうとする支配者たちであります。こうした支配者にとっては、人民の平和への欲求がはっきりと、何ものにも妨げられずに表明されることより恐ろしいものはありません。戦争前数年間の日本の悲劇的歴史に照してもみても皆さんは私がこのように主張するのを必ずや支持されるでしょう[35]。

しかし、一九四八年四月三日には朝鮮半島南端の済州島では、「西北青年団」なる民間右翼集団の暴力に対して島民の蜂起が発生、米軍が出動して韓国軍とともにこれを鎮圧、凄まじい虐殺が吹き荒れていた。一九四九年一月に中華人民共和国が成立、一九五〇年には朝鮮半島においては

33 H・ノーマン『クリオの顔』大窪愿二編訳、岩波文庫、一九八六、二四頁
34 ノーマン前掲書、二七頁
35 ノーマン前掲書、三五－三六頁

内戦の勃発はすでに時間の問題となる。この切迫する状況において、SCAPの日本再武装とレッド・パージに、ブレーキをかけるべく、ついにノーマンは最後の「賭け」にでる。一九五〇年五月にマッカーサーに直接会見を申し入れたのである。

この会見でノーマンは、マッカーサーに対して日本の再武装、沖縄の基地問題、さらに当時米国務省顧問であったJ・F・ダレスが進めていた、日本の西側陣営への軍事的統合＝単独講和などに関して、「慎重」なノーマンにしては、かなり踏み込んだ発言をしたが、これは一九四五〜四七年までとは逆にマッカーサーに巧妙にかわされた。米国の日本再武装化の方針転換は朝鮮戦争勃発前にすでに決定事項であったのである。

マッカーサーは一九五〇年元旦には「日本の自衛権」に言及、一五日、GHQはゼネストを公式に禁止。六月六日には日本共産党中央委員を公職から追放。そして六月二五日の朝鮮戦争勃発の直後、七月二八日には新聞・放送などメディア関係のレッド・パージを指示。ついに八月一〇日、警察予備隊令が施行されるに至るのである。

こうした動きに対してノーマンは八月一日、本国のピアソン外相宛てにSCAP／GHQに対する激しい批判の長文電報を打電。ここでノーマンは次のように述べている。

現在の傾向が続くならば、それまで米国の政策の熱心な賛美者であった日本のリベラル勢力は、離れて行くであろう……また警察予備隊編成の動きや言論統制は立憲的・議会制的手続きを単に困難にするだけでなく、むしろ不可能にするだろう[36]。

しかし、この極秘電報打電の直後、ノーマンはカナダ政府から召喚されることになる。そして一〇月にオタワに戻ったノーマンは、その二日後にはカナダ治安警察（RCMP）から六週間にわたる「尋問」を受けることになる。要するにノーマンの本国召還は、この「尋問」のためだったのである。一九四七年からSCAPの軍事情報部長「ファシスト」ウィロビー、FBI、CIA、そしてSISS（米国上院国内安全保障小委員会）を横断して張りめぐらされた「黒い糸」がついにノーマンを「捉えた」のである[37]。ただし、ノーマンはこの際は、RCMPによる六週間にもわたる尋問を耐え忍び、外相ピアソンの強い信頼の下、FBIのさらなる追及をかわすことができた。

36 油井大三郎前掲書、二六五頁
37 ただし、FBIは一九三〇年代のIPR会員時代から、ノーマンを監視していた。というより、FBIはIPRそのものを持続的に監視していたのである。一九五〇年二月に米国で始まった「マッカーシズム」において太平洋問題調査会は主要な標的の一つとなる。一九五〇年三月から六月まで、O・ラティモアとIPRに関する聴聞会は繰り返し行なわれ、一九五一年八月にはSISSにおいてK・ウィットフォーゲルはついにノーマンの名前を挙げるに至る。S

5 日本社会の状況

ここで一九四五年九月二六日の三木清の獄死から、一〇月一日の人権指令、一一日の五大改革、そして一二月四日・六日の重臣グループの失脚という「戦後改革」＝「戦後革命」の時期に立ち戻って見ると、日本社会側の「立ち遅れ」は否定しようもない。日高六郎は一九八〇年の『戦後思想を考える』の冒頭で、この三木清獄死のエピソードを挙げ、それに対する内務大臣の「国体批判者を逮捕する治安維持法の必要性」の答弁を引き、敗戦からの「二ヶ月半」の「遅さ」に注意を促している。

とはいえ、戦時中日本に強制連行されて来た朝鮮人・中国人労働者たちは、すでに敗戦の日、八月一五日には北海道では「蜂起」し、夕張炭鉱では一〇月八日には六五〇〇人の朝鮮人労働者の大ストライキとなる。さらに一〇月の人権指令以降は、炭鉱、製鉄、金属、機械部門などで組合結成が相次いだ。

一九四六年一〇月から読売新聞争議から始まった「生産管理闘争」は、同年一二月には京成電鉄、翌年には三菱美唄（炭鉱）、東洋合成、東宝、東芝車両などに拡大、四月には二九件、参加労働者数二万四〇〇〇人に上った。また平時の経営についても、組合が関与する経営協議会設置の動きは石井鐵工所、東芝、日本コロムビアに拡大する。幣原内閣は、これを「私的所有権の侵害」として「断固処断する」としたが、この段階では弾圧を強行する警察力を持たなかった。

ISSには他に国務省のJ・K・エマソン、G2のウィロビー、そしてゾルゲ事件の担当検事、法務府特別審査局長吉河光貞などが召喚されている。ウィロビーはその際、一九四二年に帰国したノーマンが都留重人のボストン・ケンブリッジの下宿に赴き、かねてから約束されていた日本経済史関係の研究文献を譲り受けた行動を監視したFBIのファイルを証拠としてノーマンを「共産主義者」と糾弾。FBIは日米戦争中、ノーマン、都留それぞれが乗船した捕虜交換船が当時ポルトガル領モザンビークの首都ロレンソ・マルケス（現マプト）にておちあい、ノーマンと都留重人がそこで蔵書の贈与について確認した事実をスパイによって記録していた。ノーマンは帰米後に身分保証のためFBIに了承を得て、都留の下宿に行き、日本経済史関係の資料を持ち帰る。これをもってウィロビーは「治安上の危険物をこっそり持ち帰ろうとした所を現行犯で逮捕された」とする誤ったストーリーを故意にでっち上げたのである。実際は、一九四二年一一月付けのFBIの内部資料には「都留重人の遺留品の中には治安の特別の価値のあるものはなかった」と記されていた。（『外交官E・H・ノーマン』中野利子、新潮文庫、二〇〇一、一九九頁）。この一連のIPR攻撃によって、O・ラティモアはジョンズ・ホプキンズ教授、E・ビッソンはカリフォルニア大学バークレー校の教授職をそれぞれ失った。ビッソンは一九六八年まで教職に復帰することはできず、ラティモアは事実上英国に「亡命」、リーズ大学中国学部長となる。またIPR自体も長引く「レッド・パージ」の中で一九六一年一〇月、解散に追い込まれる。また、ラティモアを通じて、J・K・エマソン、ジャッフェとともに延安に毛沢東を訪問した、『中国の赤い星』（日本語訳はやはりIPRの松岡洋子）で知られるE・スノーはスイスに亡命、『偉大なる道』の著者Aアグネス・スメドレーも米国を追われ、ロンドンにて客死。またスメドレー、ノーマン、エマソンなどと交友関係にあった石垣綾子は米国を追放され、日本に帰国した。この「赤狩り **naming names**」はハリウッドでも吹き荒れ、J・ダッシン、J・ロージーは亡命、C・チャップリンは国外追放された。また一九四五年九月から四七年四月まで国務省極東局長として、国共内戦時に蒋介石への無条件支持を留保、東アジアへの「冷戦」の拡大に抵抗したJ・K・ヴィンセントは局長を解任、スイス大使に左遷された。スノー、チャップリン、ヴィンセントの亡命先、流謫先が揃って永世中立国であったスイスであることは興味深い一致である。

また一九四五年一〇月には、東京警察病院の看護師一三〇人が組合を結成、配給物資をめぐる不正幹部の追放、寄宿舎の改善を求めてストライキを敢行した。さらに一二月一日には日赤本社炊事人二〇人の解雇に反対する組合が結成され、食糧・物資の管理闘争が行なわれた。この二つの例などは、ケア労働に従事する女性労働者の「戦後」初の決起と位置づけることができよう[38]。

また、一〇月のSCAPの方針転換を受けて、戦前からの「婦選獲得同盟」の関係者たちは新日本婦人同盟を結成、市川房枝が会長となる[39]。続く一二月には――憲法改正に先んじて――衆議院選挙法が改正、女性参政権が成立。一九四六年四月の総選挙では三九名の女性議員が誕生した。この選挙前に羽仁説子（講座派の歴史家羽仁五郎の妻）、加藤シズエ（社会党代議士加藤勘十の妻、四月の総選挙で代議士となる）、松岡洋子（羽仁もと子の姪。戦時中はIPRにて勤務）がSCAP婦人課長のエセル＝ウィード（一九四五年一一月に来日）と協議の上、「婦人民主クラブ」が立ち上げられている[40]。一九四六年の結成大会の趣意書は宮本百合子、綱領は佐多稲子が起草した。

さらに一九三〇年代から小作争議が盛んであった農村では、一〇月以降、農村組合の結成が急速に進み、一九四六年二月にはナショナルセンターとして日本農民組合が成立、四七年には組合員数一三〇万人に達した。

これらの労働運動、女性解放運動、農民運動は、大正期以来、日本で展開されてきた運動である。SCAPの一〇月の方針転換は、戦時中抑圧されてきたこれらの運動を再び始動させたにすぎない。その意味では戦後改革は、かなりの程度、大正以来の内発的な運動に支えられたと見做し得る。実際、労働組合法は一九四六年三月、労働関係調整法は四六年一〇月、労働基準法は四七年四月に、それぞれ施行されているのであるから、法制度改革と運動は、まさに同時的に進行したのである。

逆に、地方自治はSCAP内のニューディール派にとって必要な課題であり、日本国憲法においても条文上は重要な位置を占めるにもかかわらず、日本側に自治体民主主義の運動の蓄積がなかったために、占領終了後は、ほぼ自動的に戦前の中央集権的官僚制に巻き戻された。戦後の憲法学・行政法学も、この点では、松下圭一が批判するように、中央集権的官僚統治を自明視していた、と言えるだろう。日本で自治体民主主義のプロブレマティークが前景化するのは、一九七〇年代の革新自治体の時代以降である。

こうした流れを鑑みるに、政治学者の信夫清三郎が一九五六年に「大正デモクラシー」という概念を提出し、その後、この「解読格子」が定着していったのは象徴的とも言えるだろう。

38 大江志乃夫、前掲書、一九七六

39 市川房枝は一九四七年公職追放となるが、ノーマンはGHQ民政局に市川の追放解除を粘り強く働きかけていた。一九五〇年一〇月一三日市川の追放は解除される。ノーマンへの「至急帰国」の電報が打電されたのは一〇月一四日である。

40 ノーマンは日本研究者として一九四一年から羽仁五郎と直接の面識があり、またIPR会員でもあったことから松岡洋子とも面識があった。したがって、一九三七年の人民戦線事件で逮捕・投獄された加藤勘十の妻、元華族の加藤シズエ、というトリオを構想したのは、ノーマンであったと推測される。

明治憲法下においては、主権は明らかに天皇に属し、「人民 people」や「民衆 dēmos」が統治の正統性を構成する、デモクラシーないし民主主義という概念は使用不可能であった。したがって、吉野作造のように、統治の目的が「人民の福祉」にある、という意味での「民本主義」(『孟子』にもとづく)がぎりぎりの妥協線だったのである[41]。

とはいえ、戦後改革と連動する——選択的にせよ——内発的な構造を可視化するには、「大正民本主義」の思想と運動を「大正デモクラシー」と翻訳する信夫の作業は有効であったと見做すことができる。このことは戦後改革が決して一方的に「押しつけられた」ものではなく、日本社会側にも呼応する流れが伏在していたことを意味する。

仮に、もし、戦後改革を「押しつけられた」とするならば、加藤周一の言うように、それは日本の「支配層に押しつけられた」という表現が正確である。実際のところ、現在の視点から、主権在民、女性解放、労働法制の導入、農地改革を否定し、かつ治安維持法体制を正当化する思想的立場は——一部の極右的なそれを除いて——到底想像できない。

41『孟子』に「民を貴しと為し、社稷之(これ)に次ぎ、君を軽しと為す」とあるのを大正の「民本主義者」たちは好んで引用した。

第5章 日本国憲法の制定と東アジア熱戦

1 日本国憲法の制定——革命から改革へ

さて、決定的に日本の支配層に「押しつけられた」のは、主権在民という民主主義／デモクラシーおよび人権概念である。

この点では大正民本主義の象徴とも言える美濃部達吉や津田左右吉の思想とも断絶がある。美濃部は、天皇機関説事件によって軍部ファシズムに迫害されたにもかかわらず、憲法改正を無用とし、弟子の宮沢俊義も当初は同様の主張を展開していた[1]。また蓑田胸喜等の日本原理社に攻

1 宮沢俊義は一九四六年三月には立場を一転させ、『改造』三月号では「この度の憲法改正の理念は一言で言えば、平和国家の建設である」と主張、『世界文化』五月号には「八月革命と国民主権主義」を発表。ここで「憲法改正草案のうちでいちばん重大なものは、いうまでもなく、国民主権主義あるいは人民主権主義である」と断定するに至る。

撃され、著作発禁処分、刑事告訴までされた津田左右吉も「天皇制と民主主義は両立する」として憲法改正に反対した。

また、当初、憲法改正を担当した、幣原内閣国務相の松本烝治を委員長とする憲法問題調査会の案は、ほぼ明治憲法と変わらない天皇主権案であった。松本案の第一条から第四条は、明治憲法の第一条から第四条に寸分違わず対応し、ただその表現を幾分か改めただけのものである。さらに、松本案には、すでに一九四五年一〇月の五大改革指令にもとづき法として施行された、女性参政権、労働権などの権利規定がまったく欠如していた。

この松本案＝日本政府案がＳＣＡＰ／ＧＨＱ側に受け入れられるはずもなく、また一九四六年二月一日の毎日新聞にスクープされた際、社会の反応は極めて批判的であった[2]。今日から見て問題なのは、法制度の専門家であるはずの憲法学者たちが、「立憲主義」・「自由主義」と「民主主義」の決定的な差異を認識していなかったことである[3]。ここでは繰り返さないが、序章で詳述したように、「立憲主義」、「自由主義」、そして「民主主義」は歴史的にも、また論理的にもまったく異なる概念である。

明治憲法体制も、なにはともあれ、憲法が存在し、それにもとづいて権力が作動するシステムである以上、立憲主義・自由主義体制であったと位置づけることは可能であり、むしろそのほうが説得力があるとさえ言えよう。しかし、明治憲法体制は、民主主義体制ではなく、さらに言えば議会主権体制でさえなかった。

二月三日、マッカーサーはホイットニー民政局長にいわゆる「マッカーサー三原則」を示す。三原則とは、①国民主権を前提として天皇制を儀礼的な存在として存続させる、②戦争権の完全放棄、③封建制度、とりわけ華族制度の廃止、これである。

マッカーサーが憲法制定を急いだ理由は、前年一二月に成立した極東委員会（FEC）の指揮下に彼が置かれたことにある。極東委員会は米英中ソの他に仏、インド、オランダ、カナダ、オーストラリア、ニュージーランド、フィリピンなど日本との交戦国一一カ国で構成され、そのうち、ソ連、イギリス、オーストラリア、ニュージーランド、フィリピンは天皇戦犯論の立場であった。

これは東京帝大憲法研究委員会の席上GHQ草案が示され、「日本は元来象徴天皇制」として、明治憲法との「連続性」を主張する和辻哲郎に対して、丸山眞男が「革命的な断絶」と反論、宮沢が丸山の了承をとったうえで、憲法学の立場から「八月革命論」を提唱したものである。同研究会に出席していた国際法の横田喜三郎は一九四九年の『天皇制』において「中長期的には共和制が望ましい」とした。丸山眞男によれば東大憲法研究委員会の席上、SCAP原案の「主権在民」論が提示された時、「ものすごい衝撃だった」が「驚かなかったのは」横田喜三郎だけだったという。（『丸山眞男回顧談 上』岩波書店、二〇〇六、二九六-九七頁）。

2 当時の日本の世論調査では、明治憲法と同様の天皇主権を望むものは、一六％にすぎなかった。また米国の世論調査では、天皇制廃止支持が七一％、天皇の処刑支持が三三％であった。

3 委員長の松本烝治の専門は商法であるが、憲法学者として美濃部達吉、宮沢俊義が入っている。日本側には、松本甲案と松本乙案の二案があったけれども、乙案を作成したのは宮沢俊義である。また委員に枢密院書記官長、法制局長官、法制局第一部長、第二部長が入っていたのは、この委員会のハビトゥスを強く示唆する。実際、後に民政局との交渉においてGHQ原案の「日本化」、つまり国籍条項の挿入を「勝ち取った」のは法制局第二部長の佐藤達夫である。

しかも、極東委員会米国代表・議長はＩＰＲと関係のあるマッコイ将軍、フィリピン代表コンフェソールは、マッカーサーとともに日本のフィリピン上陸に抵抗し、マッカーサーたちがオーストラリアに退避した後も、フィリピンのバナイ諸島知事として抗日ゲリラを指導した「大物」である。またホイットニーはフィリピンの抗日ゲリラ作戦責任者であったことから、コンフェソールとは個人的に旧知の仲であった。付け加えて言えば、この極東委員会カナダ代表は後の首相、レスター・ピアソンであったが、次席はＨ・ノーマンである。駐米大使であり、極東には疎いピアソンに代わって、事実上ＦＥＣカナダ代表の責を務めたのはノーマンとみてよい。

マッカーサーの「戦友」であるコンフェソールを含むＦＥＣ代表団は一二月中旬に六週間の予定で来日、民政局、次いでマッカーサー本人と会談している。この際もノーマンは事実上のカナダ代表、また日本専門家として代表団に同行している[4]。

そしてＦＥＣ代表団が離日した当日、二月一日に日本政府案が毎日新聞にスクープされたのである。これは何を意味するのだろうか？

つまり、公的にはマッカーサーはすでに極東委員会の指揮下にあり、素早く対処しなければ、天皇制を占領統治のために利用する、という当初の根本方針が揺らぐ可能性があったのである。ＳＣＡＰ内部でも賠償問題を担当したＯ・ラティモアやＴ・ビッソンなどは天皇制廃止論者であり、また日本軍国主義のシンボルとして再び利用されないよう、天皇および皇族を中国に移住させる、という主張をしていた。

実際、議長マッコイ将軍によって開かれた二月二六日の最初の極東委員会では、ソ連、オーストラリア、ニュージーランド、そしてカナダ（ピアソン＝ノーマン）は一九四六年四月一〇日に予定されている第一回総選挙は「時期尚早」と主張する。理由は、①まだ自由な政治思想が可能になり、それにもとづいて政党が編成される状況とは見做せない、②国民は憲法草案を吟味する時間が与えられていない、の二点である。ここで日程を確認しておくと、民政局との秘密の折衝を経て日本政府による新憲法案が公表されたのは三月六日である。なんとも「際どい」タイミングではないか？　なんと言っても、極東委員会だけでなく、米国務省でさえ、この日に初めて新憲法案を知ったのである。

要するに、当初の幣原内閣案＝松本丞治案では、日本社会に受け入れられないだけではなく、極東委員会にも却下されることは必至であり、そうなればマッカッサーは憲法作成のイニシアティヴ、引いては日本の占領統治の主導権を失う可能性がある。それを察知したSCAPは、極東委員会が始動する前に――天皇制を間接統治に利用するためにも――極東委員会および日本社会に「受け入れられる」憲法案起草を急いだのである。

FEC離日二日後の二月三日にマッカッサーは「三原則」を発表し、民政局に憲法改正原案を

4 ノーマンは、このFEC代表団とともに日本を離れ、そのままワシントンの極東委員会カナダ代表となる。

作成することを命じる[5]。それを受け、民政局内ではただちに憲法改正原案のための運営委員会がつくられ、立法、行政、人権、司法、地方行政、財政、天皇、前文とそれぞれのセクションに分かれて作業に入った。この原案作成作業にあたっては、すでに前年一二月には発表されていた、民間の憲法研究会の「憲法改正要綱」の改正案がおおいに参照された。

ここで、大原社会問題研究所設立者である高野岩三郎（一八七一年生まれ）を委員長とする憲法研究会について確認しておこう。高野岩三郎は、労働運動家の高野房太郎の弟であり、敗戦時すでに七四歳だったが、一九四五年九月には安倍磯雄、賀川豊彦とともに社会党再建に関与している。また、この新憲法案作成を主導した鈴木安蔵（一九〇四年生まれ）は、京大在学中の一九二五年に治安維持法を最初に適用された「学連事件」に連座、有罪。京大退学後は在野の比較憲法学者となる。一九三七年の『現代憲政の諸問題』が出版法違反に問われた後は、明治文化研究会に拠って自由民権運動の研究を続け、一九三九年には『自由民権・憲法発布』を上梓している。また一九四一年に発足し、美濃部達吉、宮沢俊義、佐々木惣一、佐藤功らが参加した「憲法史研究会」の運営に鈴木安蔵は中心的に関わっている。この憲法史研究会には外交官として日本駐在の任にあったノーマンも参加している。

さらに人民戦線事件によって一九三七年に東大を追われ、高野が所長を務める大原社会問題研究所に「亡命」、戦後社会党結成に参加した森戸辰男（片山・芦田両内閣文部大臣）、鈴木義男（後に民社党衆議院議員）、加えて保守派ジャーナリスト、室伏高信[6]、杉森孝次郎などがこの研究

5 実は、マッカーサーにFECが離日した「今」＝二月一日であれば、まだ新憲法制定のイニシアティヴはSCAPにある、と進言したのは一九四五年一二月にフィリピンから戻り、クリストに代わり、新たに民政局長に就任したC・ホイットニーである。ホイットニー（一八九七年生まれ）は、G2のウィロビー、参謀長R・サザーランド、経済科学局局長W・F・マッカートとともに、フィリピン戦線以来のマッカーサーの側近であったが、政治信条的には世紀転換期の「革新主義 progressive」に近く、ケーディス等ニューディーラーたちの「戦後改革」を支持した。SCAPは一九四五～四六年に来日したFEC訪日団との一月一七日の会見の際には、「憲法改正の検討作業」についてはっきりと否定している。この会見にはGHQ側からはホイットニー、ケーディス、それにA・R・ハッシー海軍中佐、M・E・ラウエル陸軍中佐などが出席している。民政局による草案作成の責任者はケーディス、残りの二人の運営委員会メンバーがハッシーとラウエルである。逆にFEC側一〇カ国代表一一人の中にはカナダ代表としてH・ノーマンが含まれている。ホイットニーがマッカーサーの了承を得て、ケーディスを呼び出し、渋るケーディスに対して憲法案作成を厳命したのは二月三日である。この時点ですでに、ホイットニーとノーマン、ビッソン、ラティモアなどIPR関係の「ラディカル」の間には立場の相違があったのである。ケーディスをはじめとするニューディーラーは、この時期の極秘の憲法案作成指令に驚きはしたものの、SCAP内民政局として、マッカーサーの命令には従う立場にあった。H・ノーマンは、憲法制定の主導権を握るのがFECとSCAPの双方の可能性を考慮し、憲法研究会案と高野＝鈴木私案の両者に関与したということであろう。結果的には民政局は、憲法研究会を参考にしたので、ノーマンの外交官的「慎重さ」は無駄にはならなかったと言えよう。

6 室伏高信は、大正民本主義の代表的な論客の一人であったが、昭和ファシズム期には近衛新体制運動に協力、一九四〇年にはヒトラーの『わが闘争』の翻訳を出版している。いわば典型的な「オポチュニスト」と言えるだろう。また政界のフィクサーとして知られ、近衛文麿とマッカーサーとの九月一三日の会見を誘導した岩淵辰雄も憲法研究会メンバーに当初から入っている。したがって、この研究会では「共和制」憲法案は最初から排除されていたと見てよい。とすれば、高野（そして鈴木）の思想は、高野私案の「共和制」憲法、つまりプランBとして発表されたと見做し得る。元来、憲法研究会の案は、占領下において暫定的に一度改正をし、「一〇年後に憲法制定議会を招集」して再度新憲法を定める、という二段階プランであった。鈴木は後に「わたくし自身も、もしこの程度の憲法が実会のメンバーである。

「憲法改正要綱」では、「日本の統治権は国民より発す」と国民主権が明記され、またワイマール憲法を参照して、詳細な社会権が列挙されていた。ここでは、明治憲法における「臣民」概念を一掃、それに「国民」を置き換え、「法律ノ範囲内」や「臣民タル者の義務にソムカザル限り」という留保も「一切廃止すべきである」とされた。加えて裁判官公選制が特徴とされる。つまり、この要綱案では、明らかに天皇主権は否定されているのである。また研究会では室伏高信らの保守派が共和制に反対したため、高野岩三郎は別に「高野私案」（ただし事実上高野・鈴木案）として共和制憲法案を発表した[7]。

ここで重要となるのは、研究会を主導した鈴木安蔵と当時SCAPに在籍していたH・ノーマンが九月二二日ないし二三日に、都留重人を交えて会談し、その際ノーマンは、鈴木に強く「国体変革」＝天皇制廃止の必要性を説いている、ということ、これである。すでに述べたように、一九四〇年に外交官として来日してから、四一年一二月八日まで、ノーマンは羽仁五郎と『明治維新』について議論するとともに、鈴木安蔵、美濃部達吉、宮沢俊義、佐々木惣一などとともに憲法史研究会に参加していた。一九四五年九月末の鈴木安蔵との再会の際、ノーマンは「『国体』の根本的批判」が「日本民主主義化の前提」と述べたとされている[8]。その後、鈴木は一〇月二九日の日本文化人連盟創立準備会において、従来面識がなかった高野岩三郎から声をかけられ、「民間の憲法制定の準備、研究の必要性」を提案され、これを受けた。この高野＝鈴木ライ現されれば、十年の間に、国民は思想的にも必然的に一歩前進して共和制の国家形態を要望するにいたるであろうと考えた」と振り返っている（『憲法制定前後』鈴木安藏、青木現代叢書、一九七七、八五頁）。ただし高野岩三郎は、「今のうちに共和制にしておかないと、そのうちまた楠木正成のような者が現れて天皇制にするかもしれない」として、憲法研究会一二月二八日の会合に、「共和制草案」を持参して鈴木安藏に示した。高野は一九四六年四月にNHK会長に就任する際、鈴木安藏を個人的に呼び出し、「こんどは自分は直接研究会にはタッチできないから、君はしっかり続けてくれ」と伝えた。

7　高野の「共和制」案は、日本思想史上の文脈では、大正民本主義というよりも明治の自由民権運動に由来する、と言えるだろう。鈴木安藏は比較憲法学者であると同時に明治文化研究会に所属する自由民権運動の研究者でもあった。また、敗戦後、一九四六年五月に『世界』に発表された「超国家主義の論理と心理」を執筆する過程で立憲君主制支持者から共和主義的民主主義へと立場を移行させた丸山眞男も、明治二〇年まで、つまり自由民権期を高く評価し、その後――大杉栄などを例外にして――「天皇制」を自明視する過程として近代日本思想史を描いている。

8　古関、前掲書、三三頁。ここで言う「国体の根本的批判」とは「天皇制の廃止」＝「共和制」への移行である。つまり、ノーマンは九月二二ないし二三日に鈴木安藏に、「天皇制を廃止する機会は今しかない」と説いたのである。ということは、憲法研究会のプランAと高野（＝鈴木）私案のプランBの双方にノーマンは関わっていたということになる。そしてノーマンは日本を訪問したFECにカナダ代表として加わっている。FEC離日直後の二月二六日の極東委員会において、カナダ（ノーマン）はオーストラリア、ニュージーランド、ソ連とともに、日本の総選挙と憲法改正は「時期尚早」との立場を表明した。このFECのメッセージは三月二〇日SCAPに伝えられたが、マッカーサーは猛然とこれに反論、最終的に極東委員会は採決によって、マッカーサー提案を受諾するが、カナダ（ノーマン）はニュージーランドとともに、反対の意志表示をしている。してみれば、一九四六年九月から一二月までの「戦後革命」を主導したノーマンは、一二月から極東委員会に移動することによって、可能であれば、戦後改革の主導権をマッカーサーから奪い、「天皇制廃止」とさらなる民主化を企図していた、と解釈できる。ただし、「リアリスト」としてノーマンは、SCAPが極東委員会及び米国務省からの「干渉」を退けた場合のことも考慮に入れ、憲法研究会による「憲法改正要綱」をプランAとして用意してあったのであろう。また、ノーマンが鈴木に会ったのが二二日ないし二三日のいずれであったことについては、中野昌宏「G・H・ノーマン＝鈴木安蔵の戦後初会談　その意義と事実関係について」『カナダ研究時報』参照。

ンを設定したのも、事実上ノーマンであったと見てさしつかえないだろう[9]。

さて、マッカーサー三原則を大枠とし、憲法研究会案を主に参考とした民政局原案（つまりウィロビー率いる軍事情報部＝G2は一切関与していない）には以下の四つの特徴がある。

第一に、「主権 sovereignty」を「人民 people」（「国民 nation」ではない）に帰属させる「主権在民」の原則。

第二に、自衛権も含む「戦争の権利」の放棄、つまり軍隊の廃止。

第三に、松本案にはまったく欠如していた人権条項である[10]。人権のうち、思想・良心の自由、拷問の廃止を含む人身の自由、「外国人」も含めた法の前の平等などは、社会権を重視した憲法研究会案にもなかったものである。民政局原案は、全九二カ条、そのうち人権に関するもの三一カ条、全体の三分の一である。人権条項を担当したのは、P・K・ロウスト、H・E・ワイルズ、そしてベアテ・シロタである。このうち、ワイルズとベアテ・シロタは在日経験が長く、当時の日本社会の「反人権的」体質を知悉していた。

日本政府側原案にはまったく欠如していた人権条項の問題は、極めて重要かつ複雑であるので、より詳しく見ておこう。ロウスト、ワイルズ、ベアテの三人は、いかなる差別も禁じる法の前の平等の準則として、「すべての自然人（natural persons）は法の前に平等であること。人種、信条、性別、カーストまた出身国による」差別を禁じる条項と、それとは独立して「外国人は法の平等な保護を受ける」とする条項を提出した。この案は、ほぼそのままの形でGHQ原案一三条と一六条となる。

また、この三人は、女性の権利について詳細に規定した条項を提出する。ここでは「個人の尊厳と両性の本質的平等の見地」から、明治憲法体制下の家制度の解体・民法改正が定められている。これは少女時代に日本に在住し、日本社会の男女の不平等を内側から熟知していたベアテ・シロタが主導した案と見てよい。これはGHQ原案二三条となる。「両性の平等」は当時の米国憲法にも明記されていない画期的な条項である。

さらにベアテは単なる「リベラル」な男女平等に留まらない、女性固有の社会権的条項を起草した。すなわち、「妊婦及び乳児の保育にあたっている母親を援助し、乳児及び児童の権利を促進し、

9 高野岩三郎は一九四六年一〇月に再建された日本IPRの理事長になる。他の理事として、労農派経済学者にして一九三七年の人民戦線事件で検挙された大内兵衛、講座派歴史学者の羽仁五郎、「満州事変」を批判した国際法学者横田喜三郎、滝川事件で京大を辞職した民法学者の末川博、羽仁説子、西園寺公一などが挙げられる。設立呼びかけ人には、矢内原忠雄、山田盛太郎（講座派経済学者）、恒藤恭（法哲学者、滝川事件で京大辞職）、そして都留重人が名を連ねている。刷新された日本IPRの調査委員会委員長には矢内原忠雄、調査主任として都留重人が就任した。この、講座派・労農派両マルクス主義、反ファシズムの自由主義者、女性解放運動家（羽仁説子）の「人民戦線」的日本IPRの再出発にH・ノーマンが都留重人と共に大きな役割を果したことは言うまでもないだろう。

10 なお、当初マッカーサーが改憲を委ねる予定であった、近衛と京大の佐々木惣一両者の案でも、人権ではなく、制限つきの「臣民の権利」について語られていたにすぎない。また両案とも主権は天皇にあるとしており、佐々木案にいたっては第一条から第四条まで明治憲法と一字一句同じである。佐々木惣一は一九三三年の滝川事件の際、政府の大学への介入に抗議して京大を辞職したリベラリストである。これは美濃部達吉にしろ、佐々木惣一にしろ、大正自由主義者にとって、いかに天皇制が内面化され、自明視されていたかを証し立てるエピソードである。

嫡出でない子及び養子並び地位の低い者のために正当な権利を確立する立法」の文言が、運営委員会に提出されたのである。この条項は、ワイマール憲法一六一条を参照したと見られる。しかし、この提案は、憲法には具体的な社会権規定を入れる必要はないとする民政局内部の全員男性の運営委員会（ケーディス、ハッシー、ラウエル）によって斥けられた[11]。

さて、民政局原案の第四の特徴は、米国の政治制度を反映して地方自治が大きな比重を占めたことである。しかし、これは前述の通り、日本には地方自治という理念と制度がなかったために、占領が終わると瞬く間に警察組織も含めた中央集権的官僚制が復活することになる。「自治デモクラシー」の欠如は、大正民本主義、および昭和のマルクス主義の思想と運動の、いわば致命的な盲点であったとも言えよう。地方自治のプロブレマティークが前景化するのは、先述のように、一九七〇年代の「革新自治体の時代」を待たねばならない。

また民政局原案二八条には、「土地及び天然資源の最終的権限は国民の代表としての資格での国に存する」とする、いわゆる土地国有化論も存在した。これはケーディスなどニューディール派が起草したと考えられる[12]。

この原案を二月一三日に示された松本烝治国務相、吉田茂外相は——当然のことながら——激しく抵抗する。しかし、ホイットニー准将に、この原案を拒否すれば、ＳＣＡＰは憲法案を直接国民に提示する、その場合「次の総選挙ではこの件が主要争点となるだろう」との最後通牒を出されることになる。

実際、ホイットニーは焦っていた。民政局案が事実上、「主権在民」を前提としたうえで、天皇制を救済する道であることを日本側が理解せず、交渉が決裂に終わった場合、憲法改正のみならず占領改革の主導権もSCAPから極東委員会に移る可能性が高まっていた。その場合、天皇制を間接統治のために利用・温存するというマッカーサー三原則は白紙になる。

ホイットニーからすれば、ひたすら「国体護持」を唱える日本の支配層のために、温情的な提

11　人権委員会責任者のロウストは精力的にシロタ案を擁護したが、最終的にはホイットニー民政局長の判断で、この「妊婦、乳児、児童、庶子、養子」の権利を定めた条項は削除される。しかし、衆議院における憲法改正委員会において、社会党の加藤シズエは働く女性の権利と妊娠・出産・育児にともなう「母性」保護について詳細な質問を行ない、一時は「未亡人の生活権」のみは修正案に記載される。ところが、この生存権条項についての審議を行なう小委員会において、社会党の森戸辰男と鈴木義男は「最低限度の文化的生活」の文言であっさりと妥協し、「未亡人の権利」もまた消えてしまうのである。

12　この「土地及び天然資源の国有化」は今日からは、「過激」なものと見えるかもしれない。しかし、当時は自由主義—資本主義体制の破綻の結果、世界戦争というカタストロフが訪れたとする見方が広く共有されていた。WWⅡ後の英国の重要産業の国有化と福祉国家の建設などは、このコンセンサスに拠るものである。日本の憲法問題調査会の少数意見である「野村意見書」（大統領制を主張）でさえ、土地と重要産業の国有化を提言していた。また既述したように、都留重人も三月六日の要綱発表前にケーディスに相談された際、この条項に関して強い賛意を示していた。

案をしているにもかかわらず、当事者たちがそれを理解せず、引いては民政局原案までが葬られるリスクに直面していたのである。

一三日の会談を受けた二月一九日の閣議では、芦田均が「(草案が発表された場合)我が国の新聞は必ずや之に追随」し、総選挙では左派勢力に敗北必至と説き――すでに一九四五年一一月には日本社会党が結成され、共産党も合法化されていた――結局、二月二一日幣原首相がマッカーサーを訪問、戦争権の放棄を前提として確認し、GHQ草案の受諾を決定した。つまり、戦争権の放棄を条件とすれば、天皇制の存続は許され、人権条項については日本側の修正可能性を認めるとの内諾を得たのである。

この修正可能性は、日本語への翻訳において最大限活用される。古関彰一は『日本国憲法の誕生』において、この過程を「法制局官僚による巧みな『日本化』」と表現している。

この「日本化」の試みは、まず憲法前文の削除から始まる。これは、現在の日本の改憲派が、とりわけ日本国憲法前文を「恥ずかしい」などと表現しながら憎悪の対象としていることを考えるとなかなかに示唆的である。しかし、この「小細工」は三月四日の交渉の際、たちどころにケーディスに見破られ、無効となる。

また第一条は、日本案では「天皇ハ日本国民至高ノ総意ニ基キ日本国ノ象徴及日本国民統合ノ標章タル地位ヲ保有ス」とされた。これは首相である幣原本人の指示である。あくまで国体護持に拘る「自由主義者」幣原の面目躍如というところだろう。しかも、この「国民至高の総意」という日本語に「sovereign」という英語を対応させてケーディスと交渉・説得し、ついに国会にはこの文言のまま提出したのである。

しかし、主権の所在を曖昧にしたこの政府案は、六月二〇日に始まる国会審議で大問題となる。政府側答弁の責任者、金森徳次郎は美濃部達吉の弟子、一九三四年に岡田内閣において法制局長官となるも一九三六年の天皇機関説事件で辞任に追い込まれた法制官僚である。社会党、共産党は新憲法によって「国体」が変更されるのか否か厳しく追及する。金森国務相は再三再四にわたって答弁に立ち、「国体」は変更されていない、として強行突破を図る。しかし極東委員会（FEC）はすでに七月二日、「日本の憲法は主権が人民　people にあることを認めるべきである」との一文で始まる「日本の新憲法に対する基本原則」を採択、これを七月六日にはマッカーサーに伝達していた。マッカーサーはケーディス民政局次長を七月二三日に首相官邸に派遣する。FECの方針が公表され、改憲の主導権を奪われるのを恐れたのである。ケーディスを迎え、討議したのは、金森国務相、入江法制局長官、佐藤達夫同次長の三人である。その場では金森は激しく抵抗したけれども、七月二五日、秘密の小委員会において、自由党・進歩党、つまり保守系政党の共同修正提案によって現行憲法の文言に変更された。

また、三月四日の交渉の際、日本政府側が最も抵抗したのは、「すべての自然人　All natural persons は法の前に平等である。人種、信条、性別、社会的身分、カースト、または出身国 national origins」による差別を禁じるというGHQ原案の一三条である。この時には松本烝治はすでに姿を消し[13]、残された佐藤達夫法制局第一部長がただ一人、徹夜で「奮闘」し、「出身国による差別の禁止」を「国籍 Nationality による差別」の禁止とまずは「翻訳」＝日本化する。この段階でも佐藤は「困った形になった」と考えた。

実際、この段階の一三条は「凡テノ自然人ハ其ノ日本国民タルト否トヲ問ハズ法律ノ下ニ平等ニシテ、人種、信条、性別……国籍ニ依リ……差別セラルルコトナシ」であって、このままでは、在日朝鮮人・中国人への法的差別は不可能になる。そこで佐藤は、翌日三月五日、白洲次郎に官邸からSCAPに電話を入れさせ、「日本国民タルト否トヲ問ハズ」と「国籍」の語を削除した条文への変更を交渉、これに成功する。この時点で、憲法草案には直接外国人の人権を規定する条文は消えたのである。そして、翌三月六日「憲法改正草案要綱」が日本政府により発表される。

ただし、一九四六年六月二〇日に吉田内閣が議会に提出した段階では、現行の第一〇条「日本国民たる要件は、これを法律で定める」、つまりいわゆる「国籍条項」はまだ存在していなかったのである。

ところが、審議過程の小委員会において七月二九日に保守三政党から、突如この第一〇条の挿入が提案され、社会党の鈴木義男（一八九四年生まれ）も即座に同意してしまう。鈴木は東京帝大法学部で美濃部・吉野作造・牧野栄一（刑事法）に学んだ後、東北帝大法学部教授となるが、軍部を批判したことから当局に睨まれ、一九三〇年に辞任。その後、弁護士として治安維持法違法で逮捕された河上肇、山田盛太郎（講座派マルクス主義）、大内兵衛、美濃部亮吉、宇野弘藏、有沢広巳（以上の四名は一九三七年の人民戦線事件で検挙された労農派マルクス主義）、鈴木茂三郎（社会党左派のリーダー）の弁護を担当し、敗戦直後の社会党結成の中心の一人となる。鈴木は高野岩三郎の憲法研究会のメンバーでもあった。この鈴木義男にして、「国民」と「人権」の関係に対する理解はこの程度だったのである[14]。

この「国籍条項」の自明視は、鈴木義男が美濃部達吉の弟子であり、その意味で天皇機関説的な「リベラル・ナショナリズム」に枠内にいたことを意味する。実際、明治憲法一八条は「日本臣民タルノ要件ハ法律ノ定ムル所ニ依ル」である。したがって、法制官僚と保守党の憲法第一〇条の国籍条項の挿入提言は、鈴木にとって「我が党の提案の方向であり、殆どすべての党に共通のも

13 松本烝治（一八七七年生まれ）は、この三月四日の交渉から「逃亡」して以来、新憲法への関与自体を完全に終了する。後に松本は「実は私は今の憲法に何と書いてあるか見たことがないのです。それほど私は憲法が嫌いになったのです」と述べている。現在の筑波大付属高校から旧制一高、東大法学部に進んだ松本は農商務省参事官、東大教授、内閣法制局参事官、満鉄理事、副社長を経て、一九二二年山本権兵衛内閣法制局長官、三二年斎藤内閣商工大臣、専門は商法。貴族院勅選議員でもある。父は鉄道局長官、婿は同じく商法を専門とする田中耕太郎である。三月四日の民政局との交渉とその後の松本の「蒸発」は、日本の支配エリートの典型的な「無責任さ」を象徴していると言えるだろう。

14 二月二三日に発表された社会党憲法改正案は、「主権は国家（天皇を含む国民協同体）に在り」としたうえで「天皇の統治権」について詳細な記述が定められていた。つまり、高野・鈴木安蔵の「憲法研究会」の「憲法改正要綱」案よりもはるかに後退したものだったのである。

のである」としか感じられず、その場で決定されてしまったのである[15]。

しかし、SCAPに対してはどのようにこれを「説明」したのであろうか? 何と言っても、民政局との交渉の際は「国籍 Nationality による差別」は禁止する、というラインで妥協が成立したのではなかったか?

実は、民政局との交渉過程では、日本側は Japanese people と「日本国民」は同一概念であると主張、そのことによって政府草案では「国民」の表現が認められた。つまり、日本政府側の憲法原案は、GHQ側に渡される際、条文中の「国民」をすべて「people」と訳していたのである。これは米国の政治制度では、nation ではなく people が事実上「国民」であることから、民政局側も――妥協であるにせよ――納得したものと思われる。

その上で、日本側は七月の小委員会で挿入された第一〇条を The Conditions necessary for being a Japanese national shall be determined by law と英訳してSCAPに報告した。この時点でも、他の条文の「国民」は英文でも people としてある。このことによって、民政局側は、この国籍条項の持つ「意味」を見逃してしまったのである。つまり民政局側は Japanese national を含む第一〇条を、「日本に在住する朝鮮系、中国系の権利」の保障に関する条項である、と解釈した。ところが、Japanese people と Japanese national は、日本語訳では共に「国民」としてある。これは、まさに、追い詰められていた日本の支配エリートが駆使した「翻訳のポリティックス」以外の何物でもない。

この「翻訳のポリティックス」の意味するところは、日本政府側が敗戦による植民地喪失とともに、多くの在日朝鮮人、中国人の法的位置づけが問題になることを見こし、それらの人々から法的権利を剥奪することを当初から目標にしていたこと、これである。

実際、新憲法施行の前日、一九四七年五月二日に在日朝鮮人取り締まりを目的とした治安立法として「外国人登録令」が「最後の勅令」として始動しはじめる。さらに、一九四八年一月には文科省は、これまで認めていた在日朝鮮人の民族教育を否定する通達を出す。これに対して在日朝鮮人側は「皇民化教育」への再統合と反発、日本全国で反対運動が展開され、とりわけ大阪と神戸では「騒擾」へとエスカレートした。神戸では一九四八年三月には一六六四人が検挙、大阪では三万人規模の集会に警察が発砲、二七人の負傷者と当時一六歳の金太一少年が死亡した。

しかし、朝鮮半島情勢と日本の朝鮮人運動との関係を国際冷戦レジームの解読格子を用いて解釈したSCAPは在日朝鮮人弾圧を強化、一九四九年九月には在日本朝鮮人連盟（一九四五年一〇月結成）は、第二次吉田政権で成立した「団体等規正令」の最初の適用例となり、解散に追いこまれる。さらに、一九五〇年四月には憲法第一〇条にもとづき、国籍法が制定される。そして、

15　鈴木義男は自ら参加した憲法研究会の「憲法草案要綱」でさえ、実質的には天皇制廃止と見做し、発表時に自らの名を出さぬよう要求している。実際、一八九四年生の鈴木と一八八六年生の金森徳次郎は共に東京帝大法学部にて美濃部達吉の天皇機関説を学び、また両者とも軍部により失脚している。であるから、吉田内閣の国務省金森徳次郎と社会党代議士鈴木義男は、共に「重臣リベラリズム」的なハビトゥスを共有していたのである。

この流れは一九五一年のサン・フランシスコ講和条約＝占領終了と同時に、日本国籍を持たない在日朝鮮人、中国人の法的権利の完全剥奪へと列なっていくのである。

さて、日本政府と民政局の攻防に戻ると、日本側はニューディール的社会権条項にも激しく抵抗し、土地・資源の国有化を定めた二八条を削除することに最終的に成功した。さらに地方自治に関しても、憲法では具体的に規定せず、これを後の法律に委ねる、とすることに佐藤達夫法制局部長はSCAP側の同意を得た。佐藤は後に「この章（地方自治）の起草については、最初の条文（一〇一条）の表現方法にいちばん苦労した」としている。つまり、内閣法制局の代表者として佐藤は民政局案の地方自治は日本の中央集権的官僚制の解体につながることを鋭敏に察知、これを回避するために、国籍条項と同じ戦略を採用し、最終的にここでも「勝利」したこととなる。

これらの第三章国民の権利及び義務と第八章地方自治をめぐる攻防と比較すると、「戦争権の放棄」に関しては、日米双方の間で議論が交わされた形跡はほとんどない。

この「日本化」された「憲法改正草案要綱」が三月六日に発表された際、憲法研究会の鈴木安蔵は政府案を主に四つの点で批判している。

第一に天皇の地位についての規定が曖昧であること。

第二に「民族人種による差別」を禁止する規定がないこと。

第三に経済的不平等の是正に関する規定がなく、労働者の生存権規定が曖昧であること。

さらに鈴木は第四に「女性の解放・向上」のためには、憲法上「徹底的」および「具体的」な規定を入れることが望ましい、とした。これを見ると、同じ憲法研究会メンバーでありながら、治安維持法事件で検挙・有罪、出獄後在野の比較憲法学者、自由民権研究者であった鈴木安蔵と天皇制＝国体護持に拘った東京帝大リベラリズム＋プロイセン的社会保障論者、国籍条項挿入に即座に賛成した鈴木義男との「違い」は火を見るより明らかである。

また鈴木の批判する四つの論点は、二一世紀の今日に至るまで、日本国憲法体制のアポリアでありつづけていると言えるだろう。

さらに、高野岩三郎、鈴木安蔵は三月一〇日に開催された民主人民戦線世話人会に対し、SCAPのトップダウン型の憲法作成の手法を批判し、「憲法制定会議」を招集したうえで、「新憲法は人民自身の手で制定すべきこと」を訴えた。この「世話人会」には、石橋湛山、大内兵衛、野坂参三、森戸辰男、山川均、横田喜三郎も参加していた。また当時の世論調査では、「憲法改正委員を公選して国民直接の代表者に改正案を公議する方式」、すなわち憲法制定議会招集支持が五三％であった。つまり、SCAPと日本政府内の保守派だけが、三月六日に発表された「憲法改正草案要綱」を枢密院、四月一〇日選出の衆議院、そして貴族院という明治憲法体制下の枠でのスピード審議を要求・同意する、という状況であったのである。

三月二〇日にはマッコイ少将を議長とする極東委員会（FEC）は全会一致でマッカーサーに、①四月一〇日の総選挙は時期尚早であること、②また仮に、四月の総選挙の結果を基礎として新憲法を作成するとすれば、「日本国民が十分に考える時間がほとんどない」ことを通告。さらに、この通告を事実上無視するマッカーサーに対して、総選挙の四月一〇日当日にFECは、マッカーサーに代理人をワシントンに派遣して釈明させる決定を下す。また陸軍省も極東委員会との連携を促すメッセージを送った。

ところが、マッカーサーはFECに対して一月近く返書を書かず、五月四日に長文の反論書簡を送りつけ、陸軍省にも「憲法草案は世界でもっとも自由主義的な憲法の一つであり、合衆国憲法や英国憲法にも引けを取らない」と開き直った。

ここに至り、国務省極東局長J・K・ヴィンセントは国務長官J・F・バーンズに「もはや憲法制定のイニシアティヴをマッカーサーから奪回することは不可能」と報告、極東委員会もついに、五月一三日には、「新憲法の諸条項の十分な討議と審議の時間が保証されること」および「日本国民の自由な意思が積極的に表明されることが明示される方法で採択されること」を条件に、介入から撤退した。

つまり、二カ月に及ぶ権力闘争の末、憲法制定・占領統治におけるSCAP＝マッカーサーの主導権は決定的なものとなったのである。

2 「平和主義」の前提としての米軍沖縄基地

さて、国際冷戦レジームの前景化とともに、日本国憲法体制に危機をもたらしたのは「戦争権の放棄」を定めた条項、すなわち「九条問題」である。
元来「戦争権の放棄」はマッカーサー三原則の中でもとりわけ重視されており、民政局最初の案では前文に置かれていた。この前文を担当したのはアルフレッド・R・ハッシーであるが、二月四日の起草の出発点においてホイットニーは一九四五年六月二五日に調印された国連憲章を「念頭に置く」ように命じている。念のため国連憲章の該当部分を引用しておこう。

すべての加盟国は、その国際関係において、武力による威嚇又は武力の行使を、いかなる国の領土保全又は政治的独立に対するものも、また、国際連合の目的と両立しない他のいかなる方法によるものも慎まなければならない[16]。

ハッシーが起草した第一案を見たマッカーサーはこの「戦争権の放棄」の部分を前文から第一条に移すように指示。これはマッカーサーが連合国軍最高司令官として、いかにこの条項を重視していたかを物語る。
これを民政局原案では、第二章第八条に置いている。ホイットニーは、移動を「天皇および天皇が日本国民の心の中に占めている地位に敬意を表してのことです」としている[17]。要するに日

16　国連憲章第二条四項
17　古関前掲書、一〇四頁

本政府側の「面子を立てた」のである。

ここで問題となってくるのは、この「戦争権の放棄」の発案者がマッカーサーであったのか、当時の首相幣原喜重郎であったのか、ということではない。そうではなく、日本国憲法の「戦争権の放棄」が沖縄全土を東アジアに展開する米軍の主力基地とする、という前提として成立したこと、これこそが日本国憲法体制の棘となっているのである。この時点ではSCAPは沖縄在住人を「琉球人」と見做し、異民族（日本人）国家に征服されたとの立場を採用していた[18]。それゆえ、サン・フランシスコ講和条約においても、米国が国連に申し出た場合、沖縄、八重島、宮古、それに奄美の群島はアメリカの「委任統治領」とすると定められることになる。

その後の経過を辿れば、冷戦のグローバル化と朝鮮戦争の勃発によって、沖縄だけを日本から切り離して米軍の主力基地とし、日本を非武装化する、というマッカーサーの戦略的見通しは外れ、米国政府は日本の再武装化を要求するようになる。

朝鮮戦争勃発時の首相、吉田茂は「軽武装」・米軍の日本駐留＝軍事的支配および「軽武装」と引き換えに、日本の早期独立を交渉する[19]。その結果として、一九五一年九月八日にサン・フランシスコ講和条約において日本は「独立」するが、同日のうちに政府は日米安保条約に調印、同条約第三条にもとづいて一九五二年二月二八日に日米地位協定が締結された。法的に見ればこの時系列になるが、政治的に見れば、丸山眞男が指摘するように、日米地位協定、日米安保条約、サン・フランシスコ講和条約の順に並ぶ、ということである。

また一九四五年六月の地上戦終了以来、米軍の軍政下にあった沖縄は、サン・フランシスコ講和後も一九七二年まで、法的に米国の統治下にありつづけた。この一九七二年までの時期を沖縄では「アメリカ世」と呼ぶ。また法的には日本に返還された後も、沖縄の米軍基地負担は増えつづけ、現在面積としては日本の〇・三％を占めるにすぎない沖縄に米軍専用施設の七〇・三％が集中している。現在、日米安保条約第六条にもとづいた日米地位協定によって、在日米軍の「権利」、つまり米国による日本の軍事的管理が法的に保証されているが、その「シワ寄せ」は圧倒的に沖縄に押しつけられている。これこそが、日本国憲法体制にもとづく「平和主義」の最大のアポリアと言えよう。

3　教育基本法——「教育の憲法」

明治憲法以上に、天皇制への統合装置として広く機能してきたのは教育勅語である。丸山眞男は、戦前の体制の根幹として機能していたのは、「明治憲法というよりも教育勅語」と述べている。『現

18 したがって、SCAPの当初の方針は、奄美も含む沖縄群島を日本と切り離して「琉球政府」として独立させることであった。

19 吉田茂は朝鮮戦争の勃発に際して「天祐」と述べたとされている。これは復権を狙っていた日本の旧支配層総体の「内心の声」でもあっただろう。

代日本の思想』の久野＝鶴見の概念に従えば、「顕教」＝教育勅語、「密教」＝憲法ということになる。

つまり、大正時代に大学進学した同世代比一〜二％の男性エリートの間では一応、立憲主義・自由主義は――歪な形であれ――共有され、国家機構の最上位を占める高級文民官僚たちにも、美濃部の天皇機関説が主流派として受け入れられていた。このことは、憲法制定過程における美濃部達吉、宮沢俊義、また政府側の国務相として答弁に立った金森徳次郎、社会党代議士の鈴木義男などの言動を見れば、明瞭に裏づけられる。しかし、軍部・治安警察、それに人口の圧倒的大部分には、小学校段階で暗唱させられる教育勅語が国家イデオロギーとして浸透していた。

したがって、当然のことながら、戦後改革＝日本国憲法体制へ移行するには、教育勅語の廃止を含む教育改革は避けては通れない道となる。

当初、この改革の中心となったのは、国際連盟の国際労働機関（ＩＬＯ、在ジュネーヴ）勤務の後、日米開戦直前までニューヨークの日本文化会館館長であった前田多門（ＩＰＲ会員、国際的なパスカル研究者前田陽一、Ｍ・フーコーの翻訳者・精神医学者の神谷美恵子の父）、哲学者の安倍能成、法学者の田中耕太郎の戦後三代の文部大臣であった。

しかし、この段階の改革の指針は、田中耕太郎の「教育改革私見」（一九四五年九月）に見られるように、「健全なる国家主義の思想を育成し、世界平和及び人類の福祉に対する熱意を涵養すること」、また「被教育者の個性の発揚と人格の完成に力を致すこと」としながらも、未だ「教育勅語の自然法的意義の顕揚」、「家族主義―家長的権威は学校教育に於ても必要なること」という範囲に留まるものであった。この田中の思想はある意味、憲法学における美濃部達吉や宮沢俊義、あるいは佐々木惣一に見られる、帝大リベラリズムと大正教養主義のハビトゥスになだらかに連続していると言えるだろう。

これに対しSCAP／GHQは、一九四五年一〇月に「日本教育制度に対する管理政策」に関する指令、一二月には「国家神道、神社神道に対する政府の保証、支援、保全、監督並びに弘布の廃止」に関する指令を出し、明治以来の神社神道と国家・政治との分離を明確にするように誘導する。この時期の教育改革方針にも当時SCAPに在籍していたH・ノーマンは関与している。

この後、一九四六年には安倍能成文部大臣の下で、南原繁を委員長（田中耕太郎も委員）とする教育家委員会、続いて安倍能成自身が委員長となった教育刷新委員会が結成され、日本側から教育制度の改革の具体的プランが提出される。戦後の六・三制、教育権の独立、公選制教育委員会は、日本側から提出された制度設計である。

ただし、この過程でも日本側はあくまで「教育勅語に代わる新しい勅語」、つまり天皇の「お言葉」を期待する立場を維持しつづけた。当時文相だった田中耕太郎は、天野貞祐とともに明治発布の「教育勅語」は「日本人の道徳の規範として実に立派なもので、廃《ママ》める必要はない」としつづけた。安部能成、南原繁など中間派は「新しい勅語」を頂くとし、森戸辰男、務台理作など少数派だけが新教育理念は、「勅語」ではなく、民主化された国会で決定するべき、と主張した。

ところが、一九四六年の議会で新憲法審議が進むにつれ、主権在民体制において、現行の教育勅語はもちろん、「新教育勅語」も非現実的となり、一九四七年三月に「教育の憲法」ともされる教育基本法が成立、六月には教育勅語の排除・失効が国会で決定された。この時の政府は片山社会党内閣であり、文部大臣は先述した委員会で教育勅語廃止論を唱えた森戸辰男であった。

このような経過を辿ってみると、「戦後レジームからの脱却」を呼号し、日本国憲法改正に執念を燃やしつづけた第一次安倍政権が「教育の憲法」と呼ばれた旧教育基本法の改正に全力を注いだ文脈も浮かび上がってくる。

たとえば旧教育基本法第一〇条は「教育は、不当な支配に服することなく、国民全体に対し直接に責任を負って行われるべきものである」とする。この条項は原案では「教育は、不当な政治的または官僚的支配に服することなく、国民に対し、独立して責任を負うべきものである」とあった。つまり、憲法と同じく教育基本法でも、より保守的な方向に修正されている。

さらに第一次安倍政権下において二〇〇六年一二月に改正された新教育基本法では「教育は、不当な支配に服することはなく」と前半部分を残したものの、続いて「この法律及び他の法律の定めるところにより行われるべきものであり、教育行政は、国と地方公共団体との適切な役割分担及び相互の協力の下、公正かつ適正に行われなければならない」となる。つまり、実質上「教育」は国民のイニシアティヴではなく、国家・行政の管理下に置かれる、とされたのである。

また旧教育基本法の冒頭に、「学問の自由」の尊重と「自発的精神」が明記されていた「教育の方針」は新法では消去され、代わって「伝統と文化を尊重」し「我が国と郷土を愛すること」

と「豊かな情操と道徳心を培うとともに、健やかな身体を養うこと」という文言を入れた「教育の目標」と入れ替えられたのである。

この二カ所の改正例だけ見ても、安倍政権に結集した右派勢力にとって、教育基本法「改正」が日本国憲法改正のリハーサルであったことは明らかだろう。

4　戦後思想の前景化

アジア・太平洋戦争における壊滅的な敗北、そして続く大日本帝国システムの瓦解・戦後改革＝戦後革命の時期に、戦中に反ファシズムを核として自己の思想を練り上げていた思想家たちは、徐々に姿を現すことになる。

敗戦と同時に始動したのは、一九四五年中に創刊された『近代文学』である。『近代文学』は敗戦後一週間たたない八月中に荒正人、埴谷雄高、佐々木基一の三人によって創刊の方針が決められ、同人たちが自ら配本作業まで担当することで一九四五年の一二月三〇日には市場に出回った。この雑誌には、まず山室静（一九〇六年生まれ）、埴谷雄高、平野謙（一九〇七年生）、本田秋五（一九〇八年生）、荒正人、佐々木基一（一九一四年生）、小田切秀雄（一九一六年生）の七人が関わる。このうち、埴谷雄高を除く六人は坂口安吾（一九〇五年生）、大井広介（一九一二年生）とともに日中戦争後の一九四〇年に雑誌『現代文学』を創刊、四四年に至るまで「書くこと」による「時代への抵抗」を継続していた。ゆえに、敗戦と時を同じくして、完全に「内発的」に烽火をあげることができたのである。

『現代文学』は坂口安吾が「日本文化私観」、「文学のふるさと」、本田秋五が『戦争と平和』について」、花田清輝が「虚実いりみだれて」、「太刀先の見切り」などを発表したほか、荒正人が積極的に関与したことでも注目される。『近代文学』創刊号には、坂口安吾が「わが血を追う人々」、花田清輝が「変形譚　ゲーテ」を寄稿している。荒は『現代文学』において、正宗白鳥を論じながら、個人と個人、個人と社会の「通約不可能性」という実存哲学的プロブレマティークを提出していく。

深淵をどのように規定するか。それは個人と個人、きびしく言えば、個人と社会の、これら二つの間に介在する越えがたい深い溝渠なのだ[20]。

人間と人間をただちに暖かく繋ぎうる靭帯の欠如を骨身に徹したひとりの作家の魂[21]

荒正人は、一九三一年の「満州事変」の際、旧制山口高等学校在籍中に朝鮮人を指導者とする反戦グループに所属、一九三二年に治安維持法違反で逮捕。一カ月の拘留の後、無期停学処分。都留重人が旧制八高時代、反帝国主義同盟の活動によって検挙、無期停学処分になったのが、一九三一年である。この意味で、荒正人と都留重人はまさに同時代を生きたことになる。都留はこの後、米国に留学するが、日本では一九三三年、共産党最高幹部、佐野学・鍋山貞親共同署名の「転向声明」が発表され、一九三四年、三五年までに検挙者の九〇％が転向という状況となる。この佐野・鍋山の「転向声明」は、荒正人が一九三三年に停学処分が解除され復学した直後の出来事であった。

一九三五年に東大英文科に入学した荒正人は旧制山口高等学校の後輩佐々木基一、小田切秀雄とともに、マルクス主義の方法論にもとづいた「文芸学」の研究会を組織、同時に一九三九年一〇月に創刊された『構想』の同人となる。『構想』は一九三九年一〇月に『現代文学』と同じく「書くこと」による時局への抵抗を意図して埴谷雄高が中心となって創刊された雑誌である。一九三二年に治安維持法違反で逮捕、二カ月ほど拘留された埴谷は、『構想』に「洞窟」や「不合理故に吾信ず　Credo, quia absurdum」を発表するが、日米開戦後に廃刊を余儀なくされた。荒は『構想』に、プロレタリア文学の衝撃を「日本における『読者論』の先駆」として捉える「国民文学と読者」を一九四〇年に発表している。

帝国日本の植民地だった台湾出身の埴谷雄高の『死霊』には、先述のように、さほど多くない登場人物の中に地下印刷工場の責任者として李奉洋という朝鮮人が登場する。これは当時の共産主義運動の中に多くの朝鮮人が参加していたことに対応しているだろう。都留重人も三カ月の拘

20『現代文学』一九四三年二月号、三頁。
21 同、五頁。

留中、「朝鮮人だというだけで連れてこられた」人々に多く出会ったことを自伝で振り返っている[22]。これは、日本帝国主義からの独立と「天皇制の打倒」を掲げる有力な政治団体が他になかった以上、決して不思議なことではない。党組織のみならず、共産党指導下の「全協」などの労働組合のリーダー、サブ・リーダー層にも朝鮮人はかなりの割合で参加していたと推定されている。ゆえに後述するように、一九四五年一〇月、府中刑務所から解放された徳田球一、志賀義雄、金天海などの共産党幹部を出迎えた七〇〇人近くのうち、半分以上が朝鮮人だったという事態も発生するのである。

『近代文学』において埴谷と同人でもあり、また同じ一九三〇年代前半に共産主義運動に参加した荒正人のテクストにもまた、運動の過程における朝鮮人との「出会い」の痕跡が明瞭に観察できる。たとえば第三章においても指摘した、金史良とS・ベケットの比較、あるいは満州から来た日本人学生たちと「アルジェリアからパリに来たフランス人学生」との比較がそれである。アルジェリアからパリに来た学生、それはL・アルチュセール（一九一八年生）、J・デリダ（一九三〇年生）、A・バデュー（一九三七年生、モロッコ、ラバト出身）、そしてJ・ランシエール（一九四〇年生）にほかならない。実際、アルチュセール、デリダ、バデュー、ランシエールについて、このような視点を導入した、荒正人より数世代下の日本のフランス思想研究者がいるであろうか？

また社会科学者として唯一『近代文学』の同人となった日高六郎は、アルチュセールとほぼ同年の一九一七年に植民地青島に生まれ、帝国日本の首都東京の旧制一高、東京帝大に進んだ、という点で、ユーラシアの両端において、まさに対極を為す。しかし、アルチュセールは日高とは異なり、「植民者」としての出自を自らの思想的営為に「組み込む」ことはなかった。

またすでに述べたように、一九四〇年に荒正人、平野謙、坂口安吾、大井広介らが「書くこと」による「抵抗」の拠点として創刊した『現代文学』にも関わった花田清輝は、一九三〇年代後半に「東亜共同体論」の欺瞞性を朝鮮植民地支配に言及することで批判していた。実際に朝鮮半島にも渡った花田の「植民地主義」批判は、WWII後の批評にも受け継がれ、第三章で言及したA・カミュ『異邦人』の「文学的虚偽」への批判へと連なっていく。

逆に共産主義運動という「空間」が完全に壊滅した後に成人した堀田善衛、加藤周一などの戦後直後の言説には、朝鮮人との「出会い」の痕跡は見当たらない。また丸山眞男に関しては、東京帝大法学部という帝国日本のエリートの集中する空間に所属したことから、理論的にマルクス主義、とりわけ「天皇制」の概念を創出した講座派マルクス主義に強い影響を受けながらも、個人的には戦後ある時期まで立憲君主制の支持者でありつづけた。

丸山が立憲君主制から共和制の支持者、つまり「天皇制」廃止論の立場へと移行するのは、『世界』一九四六年五月号に発表された「超国家主義の論理と心理」を書く過程においてである。この「移行」について丸山は次のように語っている。

22『都留重人自伝　いくつもの岐路を回顧して』岩波書店、二〇〇一

私は「これは学問的論文だ。したがって天皇および皇室に触れる文字にも敬語を用いる必要はないのだ」ということをいくたびも自分の心にいいきかせた。のちの人の目には私の「思想」の当然の発露と映じるかもしれない論文の一行一行が、私にとってはつい昨日までの自分にたいする必死の説得だったのである。私の近代天皇制にたいするコミットメントはそれほど深かったのであり、天皇制の「呪力からの解放」はそれほど私にとって容易ならぬ課題であった[23]。

また丸山は戸坂潤、岡邦雄、三枝博音、古在由重等が一九三二年に設立した唯物論研究会発足の際、旧知の長谷川如是閑の講演会に出席した折に治安維持法違反によって検挙はされているものの、共産主義運動そのものには関与していない。むしろ、「天皇制打倒」を旗印とする共産主義運動からは、一定の距離を保ちつづけていた。一九八九年の「昭和天皇をめぐるきれぎれの回想」では次のように述べられている。

私の立憲主義的天皇制を肯定する立場は、大学時代にも依然として続いており、昭和天皇へのイメージもけっして悪いものではなかった。「日本資本主義発達史講座」を熟読したことで、近代天皇制の成立と発展について知的興奮をもって学んだにもかかわらず、その点の変《ママ》りはなかった[24]。

したがって、一九三二年の検挙から四五年の敗戦に至るまで、丸山としては「一方では当局のブラック・リストに載り、定期的に特高や憲兵の来訪または召喚を受ける思想犯被疑者でありながら、他方では『リベラル』な天皇制へのゆるぎない信者」である状態が持続していたことになる。丸山がこの呪縛から抜け出たのは、敗戦後「半年も思い悩んだ揚句」、「日本人の自由な人格形成」に対して天皇制が「致命的な障害」になるという結論に「ようやく」達した後、つまり「超国家主義の論理と心理」を書く直前、ないし、書く「過程」において、ということになる。したがって、「戦中」には、丸山は植民地独立を唱える朝鮮人と出会う機会がおそらくはなかったであろうし、仮にあったとしても、「天皇制廃止」の主張には共感しなかっただろうと、と推測される。

一九一七年生まれの日高六郎、一九一八年生まれの堀田善衛、一九一九年生まれの加藤周一の世代にとっては、そもそも「運動の空間」それ自体が存在していなかった。ただし、加藤周一、中村真一郎、福永武彦、白井健三郎（一九一八年生）、中西哲吉、山崎剛太郎（一九一七年生）、原條あき子（一九二三年生）[25]などは日米開戦後の一九四二年「マチネ・ポエティク」という「押韻詩」

23『丸山眞男集 十五巻』岩波書店、三五五頁
24 同、二九頁
25 法学部の中西哲吉は、医学部の加藤周一と特に親しくしていたが、戦争末期徴兵され、南方に送られる途中、乗船した輸送船が撃沈され、消息を絶った。加藤周一の絶筆には次のように記されている。「南の海で死んだ私の親友は、日本が再び戦争しないことを願ったに違いない。憲法九条にはその願いが込められている。私は親友を裏切りたくないし、九条を改め（ここで文は途切れている）」。なお、原條あき子と福永武彦の間に生まれたのが、池澤夏樹（一九四五年生まれ）である。

の試みを纏った反ファシズムのグループを結成しており、戦時中、堀田善衛、加藤道夫（一九一八年生）、芥川比呂志（一九二〇年生）などの慶応のグループとも連絡を保っていた。この間の事情は堀田善衛の自伝的小説『若き日の詩人たちの肖像』に詳しい。すでに第三章で言及したエピソード、すなわち、このグループの一員である詩人の宗左近に海軍から召集令状が来た際の一九四五年三月三一日の「出征祝い」の席で、戦争批判を行なった白井健三郎を橋川文三（一九二二生）と「その仲間たち」が「非国民、たたき斬ってやる」と叫び、取り巻いた事件は、当時の状況を雄弁に物語っている。

したがって、「マチネ・ポエティク」周辺のグループも敗戦に備えて「文学」の形をとった「塹壕戦」に従事していたことになる。加藤周一、中村真一郎、福永武彦は一九四六年に創刊された『世代』に「CAMERA EYES」と題する連続エッセイを連載。三人の文章は、後に渡辺一夫の装丁で真善美社から『1946・文学的考察』として出版される。また加藤周一は一九四六年三月に『大學新聞』に掲載された「天皇制を論ず——問題は天皇制であって天皇ではない」において天皇制の可及的速やかな廃止を主張している。加藤周一においては「天皇制廃止」に関して、丸山眞男に見られるような逡巡はない。

さて、戦時中も「研究会」を継続していた荒正人、佐々木基一、小田切秀雄の「世田谷トリオ」は一九四四年、治安維持法違反で検挙、荒は八カ月にわたり留置場で暮らすことになる。『近代文学』には第一次同人拡大で、花田清輝、野間宏、大西巨人（一九一六年生まれ）、福永武彦（一九一八年生)、中村真一郎（一九一八年生)、加藤周一が参加。つまりここで戦中には部分的にしか交流がなかった『近代文学』と「マチネ・ポエティク」が合流した形になる[26]。さらに第二次同人拡大では、武田泰淳（一九一二年生)、日高六郎、島尾敏雄（一九一七年生)、椎名麟三（一九一一年生)、梅崎春生（一九一五年生)、安部公房（一九二四年生)、原民喜（一九〇五年生)、寺田透（一九一五年生）などがここに参入する。

武田泰淳もまた東京帝国大学支那文学科入学後の一九三一年、非合法のゼネストのビラ撒きに従事した際に検挙され、一カ月ほど拘留されている。この点で、泰淳もまた都留重人、埴谷雄高、荒正人と同時代を生きている。その後も泰淳は数回逮捕・留置を繰り返すが、一九三四年に竹内好、岡崎俊夫、増田渉、千田九一などと「中国文学研究会」を結成、この活動を通じて魯迅の実弟である周作人や亡命中の郭沫若、そして日本の中国侵略を批判する中国人留学生との関係を構築。千田九一は、荒正人、佐々木基一の旧制山口高校の先輩にあたり、その関係で泰淳もまた『近代文学』同人に加わったのである。ただし、泰淳は大学時代に目黒署に検挙、留置された際、府立高等学校（現在の都立大学教養学部）の運動リーダーとして検挙された、「痩せた少年」小田切

26 佐々木基一と福永武彦、中村真一郎は戦中にすでに友人関係にあった。また『近代文学』創刊同人、最年長である山室静は片山敏彦、堀辰雄とともに一九四六年、季刊誌『高原』を創刊している。片山敏彦・堀辰雄は加藤周一も含めた「マチネ・ポエティク」グループの「戦中」における精神的保護者・文学的師でもあった。『高原』第二号には加藤周一の小説『夢の後に』が中村真一郎の『死の影の下に』とともに掲載されている。

秀雄と「面会」している[27]。

第二次同人拡大では、社会科学者でただ一人、日高六郎が参加していること、そして三島由紀夫が同人に参加していることが注目されるが、いずれにせよ、後に「戦後文学」と呼ばれる言説の中心には『近代文学』というメディアが存在したことは明白である。

『近代文学』は狭義の文学の問題だけではなく、「文学者の戦争責任」、「共産主義運動内部のハウスキーパー問題」、さらにコミンテルンの指令に盲従した一九二〇年代後半から三〇年代の共産主義運動の「原理的誤り」といった、後に数十年間議論されつづける問題を発刊後一年以内に次々と提起していった。これは荒正人、平野謙、埴谷雄高等にとって、これらの問題が一九三〇年代の運動・検挙・留置・投獄の経験以来、持続的に思考されつづけてきたことを意味する。つまり「近代文学」は反ファシズムの立場を譲らないだけでなく、同時に共産主義運動内部の問題を抉り出しつつ、「時」を待ちつづけたのである。

また一九四六年五月には都留重人、鶴見和子（一九一八年生）、丸山眞男、武谷光男（一九一一年生）、武田清子（一九一七年生）、渡辺慧（一九一〇年生）を同人とする『思想の科学』が創刊される。この時点では丸山眞男はすでに共和主義的民主主義者へと移行している。

このうち、都留重人は、前述したとおり、戦後改革＝戦後革命に中心的な行為者として参加しており、また鶴見姉弟、武田清子は一九四三年の捕虜交換船グリップスホルム・浅間丸に都留とともに乗船、ロレンソ・マルケスを経て、帰国した人々である。

武谷光男は湯川秀樹や坂田昌一と共同研究を行なった原子物理学者。武谷は中井正一（一九〇〇年生）や久野収とともに『世界文化』や『土曜日』に関与したために、治安維持法違反で二度にわたり検挙されている。渡辺慧（一九一〇年生）はパリでド・ブロイに、ライプチヒでハイゼンベルクに、一九三九年のWWⅡ勃発後にはコペンハーゲンでボーアに師事した理論物理学者である。思想的・理論的には鶴見和子、武谷光男がマルクス主義、鶴見俊輔は分析哲学の訓練を受けたプラグマティズム、丸山眞男、都留重人はマルクス主義理論に通じた非マルクス主義者、R・ニーバーの弟子・キリスト教自由主義者の武田清子と理論物理学者の渡辺慧は「非マルクス主義」者である。

その意味で、『思想の科学』は鶴見俊輔の言うように、一九三三年からの世界的な人民戦線的な言説をWWⅡ後の日本において自覚的に反復しようとしたメディアと位置づけることができるだろう。実際、武谷光男も参加した、一九三五年に京都にて創刊された人民戦線的なメディア『世界文化』の中心人物、中井正一、新村猛（一九〇五年生まれ）、久野収はすべて非マルクス主義者であった。なお、当時東京在住であった丸山眞男と平野謙は同様の問題意識にもとづいて、発刊されている期間、『世界文化』を購読している。

さらに後に「戦後民主主義」を代表する雑誌と見做されていく『世界』は一九四六年一月に吉

27 武田泰淳「『中国文学』と『近代文学』の不思議な交流」、『「近代文学」創刊の頃』所収、一九七七、深夜叢書、一六四頁。

野源三郎（一八九九年生まれ）を編集長として創刊された。吉野源三郎は戸坂潤（一九〇〇年生）、岡邦雄（一八九〇年生）とともに『唯物論研究会』を立ち上げた古在由重（一九〇一年生）と旧制一高・東大時代を通じて親友であり、一九三〇年「非合法」共産党の会合に下宿を提供した嫌疑により、治安維持法違反で逮捕。一度は黙秘により釈放されたものの、一九三一年、陸軍少尉として演習中に再び憲兵によって逮捕、軍法会議にかけられる。軍法会議において、吉野はガリレオを引いて「あなた方が何と言っても、地球が太陽の周りの回るように世の中は社会主義に向かって進む」と陳述した、と伝えられる。一年半余りの陸軍刑務所幽閉の後、執行猶予判決によって出獄したものの、吉野は東京帝大図書館司書を解雇される。山本有三の推挙によって『君たちはどう生きるか』を一九三七年に上梓[28]。同年、岩波書店に入社、三八年に岩波新書の立ち上げ責任者となる。同新書からは、一九三九年に羽仁五郎『ミケルアンジェロ』、一九四〇年に三木清『哲学入門』が出版されている。

羽仁五郎と三木清は一九二八年、共に欧州留学から帰国後、雑誌『新興科学の旗の下に』を創刊している。羽仁五郎は一九三二年に野呂栄太郎、山田盛太郎、平野義太郎などとともに『日本資本主義発達史講座』を岩波書店から出版。三三年治安維持法違反にて検挙。「ミケルアンジェロは生きている。疑う者はダヴィデを見よ」で始まる三九年の『ミケルアンジェロ』は総力戦体制下における「ぎりぎりの抵抗」として出版されたものである。しかし羽仁は一九四五年三月一〇日に北京にて陸軍憲兵隊に逮捕、東京に移送され、そのまま留置所で敗戦を迎える。すでに述べたとおり、日本政府および初期のSCAP／GHQは治安維持法体制を継続したため、羽仁五郎が釈放されたのは一九四五年一〇月四日の「人権指令」の後である。その時、すでにかつての「盟友」三木清は九月二六日に獄死していた。

H・ノーマンは一九四〇年、外交官として来日、当時特高の保護観察下にあった羽仁五郎に一九四一年六月から九月まで『明治維新』の個人講義を受けている。日米開戦と同時に、ノーマンは「敵国人」としてカナダ大使館に軟禁されるが、翌年「捕虜交換協定」によって、浅間丸にてポルトガル領モザンビークの首都、ロレンソ・マルケスへ出航。このロレンソ・マルケスにて、ニューヨークから出航した中立国スウェーデン国籍のグリップスホルムにノーマンは乗り換え、カナダに帰国。逆に都留、鶴見姉弟、武田清子は浅間丸にて日本に向かうのである。いずれにせよ、ノーマンが一九四五年に日本の地を再び踏んだ時、外交官として在日中の治安維持法体制のことと、友人羽仁のこと、そして羽仁の「盟友」だった三木清のこと、が脳裏に浮かんでいなかったとは考えにくい。ノーマンは国務省のJ・K・エマソンとともに一九四五年一〇月に府中刑務所に、志賀義雄、徳田球一を含む一六人の政治犯を――SCAPのソープ准将の指令によって――訪ねるが、その中には金天海を含む二人の朝鮮独立活動家もいた。その際、ノーマンとエマソンは政治犯たちに「マッカーサー元帥の命令によってあなたたちは一週間以内に釈放される」と

28 ただし、『君たちはどう生きるか』は著者「山本有三」として出版された。

告げたとされる[29]。一〇月一〇日午前一〇時、府中刑務所の門が開かれた時、釈放された政治犯を出迎えた七〇〇人近くのうち、四〇〇人以上が朝鮮人であり、出獄者歓迎演説に立ったのは、八月中に結成された朝鮮人居留民連盟の金斗鎔であった[30]。またノーマンは、O・ラティモアに、帝国日本時代に朝鮮共産党事件、朴烈事件の弁護を担当した布施辰治を紹介している。

さて、『世界』は当初、安倍能成、天野貞祐、田中耕太郎、和辻哲郎、津田左右吉、小泉信三、長与義郎、武者小路実篤、里見弴、柳田国男、辰野隆、梅原龍一郎といった、後に『心』に結集する大正教養主義的な自由主義者を中心に運営される予定であった。このグループは、「満州事変」以来の「暴走」の責任は軍部、特に陸軍にのみあると考え、明治憲法の運営さえ誤らなければ改憲の必要はない、とする、いわば重臣・帝大・枢密院エリートの結晶でもある。すでに、本章の日本国憲法改正と教育勅語をめぐる二つの節で述べたように、美濃部達吉、佐々木惣一といった東西を代表する憲法学者、また津田左右吉と和辻哲郎という歴史家、哲学者もこのハビトゥスを共有する。天野貞祐、田中耕太郎は、最後まで教育勅語を擁護しつづけたし、安倍能成、南原繁は「新しい勅語」を頂くべし、との立場だったのである。

丸山眞男も、東京帝国大学助教授として、部分的に、このハビトゥスを共有していた。ただし、丸山は旧制一高時代の唯物論研究会の講演で特高に逮捕されて以来、要監視の状態に置かれ、理論的には講座派マルクス主義だけでなく、マルクス、ローザ・ルクセンブルク、ヒルファーディングなどのマルクス主義の原典に通じていた。この点は、師である南原繁が、戦後「勅選」貴族院議員となり、また思想的には内務省出身の反マルクス主義的な「民族社会主義者」であったこととは対照的である。さらに、丸山は大正自由主義的な発想の対極にあるとも言えるK・シュミットの政治理論を戦中から高く評価していた。

丸山と帝大リベラリズムとの微妙な関係は、松本烝治委員会と並行して行なわれた東大憲法調査会での和辻哲郎、宮沢俊義との議論にも観察できる。ここで、象徴天皇制の連続性を唱える和辻に対し、丸山は今回の憲法改正には「革命」という概念が相応しい、と反論。

この丸山の議論を「借用」した宮沢は政府の委員会からは独立して、一九四六年五月『世界文化』に「八月革命と国民主権主義」を発表する。ここで、宮沢俊義は「いちばん重大なものは、いうまでもなく、国民主権主義あるいは人民主権主義である」と断定するに至るのである。

こうしたオールド・リベラリスト＝重臣・帝大・枢密院と丸山、大塚久雄（一九〇九年生まれ）、川島武宜（一九一二年生）、中村哲（一九一三年生）等、より若い「世代」との対立は、一九四六年二月二日の川島武宜議長、中村哲副議長、瓜生忠夫（一九一五年生、後に映画プロデューサー）書記長の青年文化会議の設立へとつながっていく。

この青年文化会議には運営委員として、丸山眞男、内田義彦（一九一三年生）、野間宏、下村正

29 中野利子『外交官E・H・ノーマン』新潮文庫、二〇〇一、一〇九―一一〇頁
30 文京洙「在日朝鮮人にとっての戦後」、『過去の清算』岩波書店、一九九五、一六〇頁、一七二頁

夫（一九一三年生、演出家）、杉浦明平（一九一三年生、作家）などが名を連ねていた[31]。青年文化会議の設立書では「戦争とファシズムを阻止しえざりしオールド・リベラリスト」への「訣別」が高らかに宣言されている。これは中心メンバーの一人でもあった丸山眞男の「立憲君主制支持者」としての「過去の自己」への「訣別」でもあっただろう。というのも、この青年文化会議設立の動きと「超国家主義の論理と心理」への道は、ピタリと時が重なっているからである。

そして、「超国家主義の論理と心理」が一九四六年『世界』五月号に掲載され、分野を超えて大きな反響を呼び、結果として『世界』の中心軸は「オールド・リベラリスト」から「青年文化会議」的なものへと移行していくことになる。編集長の吉野源三郎も、この流れに歩調を合わせた。これに不満をもった「旧自由主義者」たちは一九四八年七月には雑誌『心』を創刊して、袂を分かつ。してみれば、一九四五〜四七年という短期間の間に文化言説の次元でも、事実上の「革命」が起こったことになる。

この青年文化会議の設立と『世界』における「革命」が大学――とりわけ東大法学部[32]――を中心としたものだったとすると、文学・批評の世界で『近代文学』とともに「革命」の震源地となったのは、花田清輝が一九四七年に設立した文化団体「綜合文化協会」が発行した『綜合文化』である。綜合文化協会は、花田清輝、佐々木基一、関根弘によって「実質的には」運営されていたが、真善美社が発行する機関誌『綜合文化』には、加藤周一、中村真一郎、白井健三郎、原田義人（一九一八年生まれ）、矢内原伊作（一九一八年生）等の「マチネ・ポエティク」とその周辺の作品、そして野間宏の「顔の中の赤い月」などが掲載されていく。

真善美社から出された「アプレ・ゲール叢書」は、まさに文学・批評界での「革命」を象徴する。「アプレ・ゲール」とはフランス語で「après guerre」＝「戦後」を意味し、中村真一郎が、この叢書の発刊にあたって花田清輝に依頼され、命名したものである。この「アプレ」という言葉は、文学・批評界を超えて、WWⅡ後の世情の変化一般を指す「流行語」として定着するまでになった。

31 東大法学部からは他に団藤重光（一九一三年生まれ、刑法・刑事訴訟法）、辻清明（一九一三年生、政治学・行政学）、佐藤功（一九一五年生、憲法）が加わっている。実際、丸山眞男によれば、一九四六年の青年文化会議から数年間は、東大法学部における三〇代の「助教授」による「下剋上」時代だったとされている（『丸山眞男回顧談 下』岩波書店、二〇〇六、八三‐八四頁）。

32 「戦争とファシズムを阻止しえざりしオールド・リベラリストと訣別」の文言を含む青年文化会議設立書の起草者は川島武宜である。川島の指導教官我妻栄は、この設立書を読んで「激怒」したと伝えられる。丸山眞男によれば、この「オールド・リベラリスト」の中には田中耕太郎、南原繁なども含まれていた（『丸山眞男回顧談 下』岩波書店、二〇〇六、二八‐二九頁。ただし、南原繁は、田中耕太郎、安倍能成、和辻哲郎など『心』の中心メンバーとの折り合いが悪く、同人には入っていない。また川島武宜は、内務省に続いて廃止の可能性があった文部省の犬丸秀雄（一九一三年生まれ）課長と連携、人文社会委員会を組織する。人文社会委員会のメンバーは青年文化会議とほぼ重なっていた。つまり、文科省としては、「民主教育」を担当するという形で「組織」としての生き残りを図ったのである。この際の文部大臣は田中耕太郎であり、また文部省は家永三郎（一九一三年生まれ）、大久保利謙（大久保利通の孫・旧侯爵）等に強く執筆依頼して、新しい歴史教科書『くにのあゆみ』（一九四六年九月）を発行、「イメージの刷新」を図っていた。なお、犬丸秀雄は旧制大阪高校（現大阪大学教養学部）において川島武宜の同級生、つまりまだ三〇代前半であった。

「アプレ・ゲール叢書」からは、花田清輝『錯乱の論理』、近代文学同人編『世代の告白』、岡本潤『檻褸の旗』、『1946・文学的考察』（マチネ・ポエティク）、荒正人『負け犬』などの詩・批評、野間宏『暗い絵』、中村真一郎『死の影の下に』、さらに、福永武彦『塔』、安部公房『終りし道の標べに』、島尾敏雄『単独旅行者』などの小説が続々と発刊された。

この「アプレ・ゲール叢書」に続いて、坂本一亀（音楽家・坂本龍一の父）が担当となって、一九四八年から椎名麟三『永遠なる序章』、『赤い孤独者』、中村真一郎『シオンの娘等』、島尾敏雄『贋学生』、野間宏『真空地帯』などが立て続けに「書き下ろし」として河出書房から出版され、一挙に「戦後文学的」風景が――ただし短期間のみ――文学・批評界に出現する。

当事者の中村真一郎は、この「戦後文学」的言説を「美学的にも思想的にも、戦前の文学と明らかに断絶したもの」とし、これほどの「前世代との徹底的な断絶」は「明治以後、見られない激しい現象」と振り返っている[33]。中村によれば、このような「断絶」が可能になったのは、戦争と敗戦、そしてそれにともなう「文壇」の崩壊によってである。

しかし、「そうした時期は短くて終り、文学には秩序が回復し、文壇は再建された。『アプレ・ゲール叢書』も中絶された」[34]。この「文学」における「秩序と文壇」の回復、それは言うまでもなく、国際冷戦レジームによる世界空間・東アジアの再編、そして日本におけるSCAP／GHQと旧支配勢力の連携による「逆コース」と――時間差をともなったものであれ――連動したものである。

5　朝鮮半島の「内戦 civil war」からアジアの「熱戦」へ

米ソの対立はすでにWWⅡ末期から始まっていたが、一九四六年三月にはW・チャーチルが米国ミズーリ州フルトンにて「バルト海のシュテッティンからアドリア海のトリエステまで」を「鉄のカーテン」と名付け、一九四七年三月にはトルーマン大統領が、米国の安全のために「全世界の自由主義諸国を守る」としたトルーマン・ドクトリンを発表、フランス、イタリア、ベルギーでは共産党は政権から放逐された。これに対しスターリンはベルリン封鎖（失敗に終わる）とコミンフォルムの結成で対抗、一九四九年、米国と英国は北大西洋条約機構（NATO）の下に西ヨーロッパ諸国を組み込み、ユーラシアの西での冷戦体制は決定的になる。

これに対し、東アジア、東南アジアの情勢はWWⅡ後の数年間はなお、流動的であった。ベトナムでは日米開戦以前の一九四一年五月にはホー・チ・ミンを指導者とするインドシナ共産党はヴィシー政府の植民地総督と日本双方のファシズムからの解放を大義として武装蜂起の組織化を開始、一九四五年八月一九日にハノイ、二三日にユエ、二五日にはサイゴンで一斉蜂起、九月二日――ミ

33 中村真一郎『増補　戦後文学の回想』筑摩書房、一九六三、九四－九五頁

34 中村、同書、九六頁。

ズーリ号での日本の降伏調印の日――ベトナム民主共和国の独立宣言がホー・チ・ミンによって読み上げられた。

このベトナムの独立宣言は「生まれながらの不可侵の権利」として「生存権、自由権、幸福追求権」を挙げ、一七七六年の米国独立宣言とフランス革命の際の一七九一年憲法の引用から始まる。その上で、この権利の主体として「民族」も認められるべきと訴えている。これは、植民地宗主国フランスと米国、とりわけアジア・太平洋戦争では共に日本帝国主義と戦い、大義名分としては植民地解放を唱える米国への熱い期待の表れであった。つまり、ホー・チ・ミンは、ベトナム独立の問題は、「共産主義」か「自由主義–資本主義」かではなく、植民地主義か民族解放か、という解読格子を用いて解釈してもらいたい、と米政府に強いメッセージを送ったのである。

またビルマ（ミャンマー）では、インパール作戦失敗後の一九四四年八月にはビルマ共産党からアウン・サンを指導者とするビルマ国軍までを包括した「反ファシズム人民自由連盟」が成立、事実上日本の支配は一九四五年八月一五日を待たずして終わりを告げていた。フィリピンはと言えば、一九四二年にルソン島を中心に結成されたフクバラハップ（抗日人民軍）が一九四四年ルソン島に上陸した米軍と連携して、日本軍を壊滅させている。

ただし、米国は日本降伏後、フクバラハップを弾圧しながら、一九四六年七月にフィリピンを独立させ、英国は一九四八年八月、インドとパキスタンを分断する形で独立を承認。セイロン（スリランカ）の独立も英国は認めるに至るが、フランスとオランダは、それぞれベトナムとインドネシアの植民地統治の継続を宣言する。

逆に言えば、米国にとって、ユーラシアの東での政策は——フィリピンを除いて——決定されきっていなかった。実際、インドネシアにおいてオランダ軍は一時は全土を制圧するに至るが、米国の支持は得られず、一九四九年一二月にはスカルノを首班とした独立政府を承認せざるを得なくなる。

というのも、米国には元来、孤立主義と反植民地主義を欧州帝国主義に対して掲げる伝統があり[35]、これがニューディール期の国務省内IPR派と結びついて、ある時期まではそれなりの影響力をもっていたからである。たとえば国務省内保守派のJ・グルーやE・ドゥーマンと激しいヘゲモニー権力闘争を繰り広げたジョン・C・ヴィンセント極東局長、極東部長スタンリー・ホーンベック、WWⅡ末期の初期対日政策の立案に関わったヒュー・ボートンやジョージ・H・ブレイクスリーなどである。

また軍部でもリットン調査団米国代表となったフランク・R・マッコイ将軍や一九三〇年代後半の米太平洋艦隊司令官ハリー・E・ヤーネル提督などはIPRに関係していた。またアジア・太

35 無論、米国の「孤立主義」と「反植民地主義」は、それこそ「伝統的に」カリブ・ラテンアメリカを対象外としている。ただしF・D・ルーズベストの時代には、対カリブ・ラテンアメリカ政策にも若干の手直し＝「善隣外交」が試みられた。ただし、ラテン・アメリカに関しては言えば、両大戦間までは「非公式」の宗主国であったのは米国ではなく、英国である。

平洋戦争中、蒋介石政府へ参謀長として派遣されたジョセフ・スティルウェル大将――O・ラティモアは政治顧問――も、反植民地主義派である。国務省内部の、このヘゲモニー闘争は一九四五年八月一五日、J・グルーが辞表を提出、D・アチソンが後任の国務次官に任命されることで、まずは反植民地主義派の勝利に終わっている。

またWWⅡ中にF・D・ルーズベルトによって陸軍参謀総長に任命、戦争終了後の九月にトルーマンから特命全権大使として、中国に派遣された元帥G・マーシャルは、J・スティルウェルと同様、内戦になれば共産党勝利に終わると判断、蒋介石と毛沢東の仲介を試みていた。マーシャルは一九四七年一月に国務長官に就任した、いわゆる「マーシャル・プラン」の最高責任者である。つまり、この時点ではまだ、米国の最高意思決定機関において、東アジアを冷戦レジームではなく反植民地主義によって解読するグループがかなりの影響力をもっていたことになる。

実際、一九四五年八月一五日グルーの辞任後の国務次官候補にも名前が挙がったO・ラティモアは、WWⅡ後の東アジア、とくに朝鮮半島に関しては、「ソ連及び共産主義」の影響力が強いことは認めながらも、可及的速やかに「朝鮮人民自身」に統治の責任を移行させるべきだ、としていた。

米政府内部で東アジアの動乱を「植民地解放」ではなく、「共産主義の膨張」という解読格子によって解釈するグループがヘゲモニーを奪取しはじめるのは、やはり中国における国共内戦において蒋介石側の不利が明白になる一九四七年後半である。一九四五年九月から国務省極東局長を務めたJ・C・ヴィンセントが一九四七年七月にはスイス大使に左遷。四八年一月には前述したように、ロイヤル陸軍長官が日本を「反共の砦」とするために再武装させる方針を発表する。

中国共産党の基本政策を「共産主義」ではなく、「反植民地ナショナリズム」と解釈し、WWII後の東アジアを米国と中国との友好を前提として構想していた国務省極東局長のJ・C・ヴィンセントの一九四七年七月の左遷は、日本占領方針にも決定的な意味をもつことになる。同様の構想をもってWWII中から国務省内で活躍、SCAPに派遣されていたジョン・K・エマーソンはすでに一九四六年二月には帰国させられていた。同年五月にはH・ノーマンの上司でもあった民間情報局（CIE）のソープ准将が解任、後任はウィロビー系列のG2人脈で占められた。また四月には民主化を支援するジャーナリストの代表である『星条旗』のB・ルービンが沖縄から追放、六月には『ニッポン日記』の著者ゲイン——ビッソン、エマソン、ノーマンなどの「ラディカル」の立場に近い——がIPRのF・ジェッフェとともにFBIによってフレームアップ「逮捕」。これはただちに「誤認」とされたが、この事件を口実に、日本在住のニューディーラー、ラディカルに「近い」と見做されたジャーナリストは次々と放逐される。一九五〇年一月にはSCAPのニューディーラーたちにH・ノーマンと同様に大きな影響を与えた、『日本のジレンマ』の著者A・ロスの日本入国が禁止された。ロスは一九四五年九月号の『ネーション』誌において、「民主主義の闘士たち champions of democarcy」と題して、獄中政治犯の釈放を米世論に訴えた人物である。

一方、朝鮮半島のソ連占領地域では、一九四六年八月には北朝鮮人民労働党が結成され、民政移管が開始されていた。しかし、この時点では、米国はまだ朝鮮半島の「戦後」に関して明確な方針を立てていない。一九四五年一二月モスクワで開かれた米、英、ソ三国外相会議は米、英、ソ、中の五年間の信託統治の後、統一朝鮮に移行するプランに合意している。

さりながら、一九四七年の中国情勢の大転換を受け、米政府は一九四七年八月に、米軍管理地域の左派一斉検挙によって、統一朝鮮のための米ソ共同委員会を決裂させ、四八年五月には南朝鮮単独の枠で総選挙を強行、李承晩を首班とする大韓民国を八月一五日に成立させた。これを受けて北朝鮮では九月九日に朝鮮民主主義人民共和国が樹立される。この過程で、南北朝鮮統一を優先する立場であった大韓民国上海臨時首班の金九、呂運亨、宋鎮禹などの指導者はすべて暗殺された。

この状況下において、朝鮮半島南端の済州島では南北朝鮮分断に反対する多くの島民が一九四八年四月三日に一斉に武装蜂起した。これは、すでに李承晩によって送り込まれていた反共民間組織「西北青年団」の暴力支配に対抗した、一種のコミューン蜂起であった。この蜂起に対してロバート准将率いる米海・空軍が韓国軍とともに翌四九年三月、済州島全体をほぼ制圧。その際、西北青年団に虐殺された島民は六万人以上に上るとされる。四九年二月にはロイヤル陸軍長官は直接韓国を訪問、李承晩と韓国軍の増強および米国の協力について会談している。

他方、WWⅡ終了後、ソ連の援助を期待できなかった毛沢東は[36]、一九四六年におけるマーシャルの仲介による二度にわたる国民政府側との和平を歓迎したが、結局これは蔣介石の決断によって「裏切られた」かたちとなった。一九四六年の国務省次官はD・アチソン、極東部長はJ・C・ヴィンセントである。つまり、この時点では米国務省のマーシャル‐アチソン‐ヴィセントのラインは、むしろ国共和解を望んでいたが、蔣介石の強引な実力行使によって、彼らもまた「裏切られた」のである。

スターリンに無視されつづけた毛沢東も、当初は米国の「反植民地主義」に期待していた。実際、内戦が圧倒的に共産党に有利に展開し、蔣介石が一九四九年一月に国民党総統を辞任した後にさえ、毛沢東は極秘に米政府と接触し、国民党への軍事援助の停止を条件に——ソ連ではなく——米国と中国との接近を提案した。

しかし、米国は中国側の提案を拒否、ある意味「追いつめられた」毛沢東は、一九四九年六月に「向ソ一辺倒」を宣言、一〇月には北京で中華人民共和国の成立を宣言する。しかし、ここに「社会主義」の名を入れず、新政権の方針を「新民主主義」としたことは、「ぎりぎり」の瞬間まで、毛沢東をはじめとする共産党首脳部が米国との対決を避けようとしたことを強く示唆している。

同時に、毛沢東は一九四九年一二月にはモスクワにてスターリンと初会談、中ソ同盟条約を締結し、また一九四九年後半には共産党は大陸での勝利を決定的とし、一二月七日国民党政府は台湾

36 すでに一九四四年ルーズヴェルトによって派遣されたハーリー特命大使（陸軍中将）に対してスターリンは蔣介石支持を明らかにしている。なお、ハーリーはフーバー共和党政権の陸軍長官である。

に移動した。

この数年間の東アジア情勢の激変を受けて、米政府内部での「反植民地主義」派と「反共産主義派」の権力闘争はさらにエスカレート、事態は政府内に留まらず、米国社会全体を揺るがすマッカーシズムへと展開していく。一九四七年に世論を反共ヒステリーへ誘導するためにハリウッドにおける「赤狩り naming names」が開始され、一九四八年、J・グルーの部下、E・ドゥーマンなどを中心とした米国対日協議会が、国務次官アルジャー・ヒス――ヤルタ会談にも同行したF・D・ルーズベルトの側近である――を「ソ連のスパイ」と告発、一九四九年一月にマーシャルに代わって国務長官となったD・アチソン[37]はこれをただちに否定するも、東アジアの情勢は「反植民地主義派」にとって次第に不利になっていく。すでにG・ケナンを中心とした国務省政策企画室は、対日占領方針の劇的な転換を検討していたが、一九四八年一〇月九日に国家安全保障会議（NSC）で採択された「合衆国の対日政策に関する勧告」（NSC13/2）は、日本占領の方針を民主化から反共のための再武装化とすることを決定的に明示した。民政局（GS）次長ケーディスは、このNSC13/2に対して、民主化改革の責任者として最後の説得を試みるために一九四八年末に帰米したが、まったく効果なく、失意のうちに日本国憲法記念日である一九四九年五月三日にSCAPを辞任した。

他方、日本では一九四八年二月に片山内閣がSCAPと日本の旧支配勢力の連携によって崩壊し、代わった中道右派政権の芦田均内閣も、「ファシスト」ウィロビー率いるG2が誘導したとされる昭電疑獄事件によって一〇月七日、総辞職に追い込まれた。この芦田内閣総辞職の一〇月七日とNSC13/2が採択された一〇月九日の「隣接性」、これは偶然であろうか？

いずれにせよ、G2と連携した吉田茂は、少数与党でありながらも第二次吉田政権を組閣、一九四九年一月の総選挙で与党民自党は二六四議席をとって絶対多数となり、社会党、民主党は、それぞれ四八、六九に転落（共産党は三五）、ここに現在にまで至る日本の保守一党支配の原型が誕生するのである。

こうした東アジア情勢の急転換をO・ラティモアは一九四九年の『アジアの情勢』で分析、トルーマン・ドクトリンは少なくとも東アジアに関しては「有害無益」、中国共産党の勝利は「反植民地ナショナリズム」にもとづいた土地改革が主要因であり、中国がソ連の従属国となることはあり得ず、米国は今からでも台湾の蔣介石政府ではなく、中国本土の共産党政権と国交を結ぶべき、とした。ラティモアは、ここで朝鮮半島についても、米ソ対立の解読格子によって朝鮮半島を分

37　D・アチソンは、グルー派と反グルー派との権力闘争の観点からは明らかに反グルー派に属する人物である。一九四五年八月のアチソンの国務次官就任によって、一時的に「グルー派」は国務省から一掃された。またWWⅡ後の中国情勢についても、アチソンはマーシャルと同じく、「国共和解」を支持していた。というよりも、アチソンの政策をWWⅡ中に英雄となった元帥G・マーシャルが国務長官として実行したのである。またD・アチソンがマッカーサーに対する政治顧問＝「目付役」として任命したG・アチソンもJ・K・エマソン、H・ノーマン、T・ビッソン等「ラディカル」に理解のある人物であった。近衛失脚の「決め手」となった「覚書」はH・ノーマンが執筆、G・アチソンを経て国務次官D・アチソン、国務長官J・バーンズに送付された。

断するのではなく、日帝時代の対日協力者を支える政策を撤回すべきだと主張した。さらにラティモアは同年一〇月には国務省主催の公開討論会で同様の論旨を展開する。

ところが、一九五〇年二月九日に突如、ウィスコンシン選出の共和党上院議員ジョセフ・マッカーシーが国務省内部にはD・アチソンを筆頭として「共産主義のスパイのグループがいる」とのキャンペーンを開始したのである。これこそが、悪名高い「マッカーシズム」の始まりにほかならない。マッカーシーは、同年三月には上院外交委員会調査小委員会で「共産主義者のスパイの頭目の一人」としてラティモアを名指しするに至る。つまり、ここで言う、国務省内の「スパイのグループ」とは太平洋問題調査会（IPR）であり、IPRの機関誌「パシフィック・アフェアーズ」元編集長であり、現在東アジアにおける「国際冷戦」という解読格子を批判しているO・ラティモアはそのリーダーである、というわけである。

現在では、壮大なプロパガンダ＝大嘘とされているこの「マッカーシズム」が、当時の文脈では国務省および軍部内の冷戦派にとって、「天祐」とも言える好都合な御伽噺であったこと、これは疑いない。また韓国の李承晩大統領も一九五〇年四月八日、ラティモアを激しく批判した。

さて、元来反共主義者であったマッカーサーは、日本国内の「逆コース」は積極的に推進していたが、東アジア全体の戦略的見通しとしては、一九四九年三月になお、米国の絶対防衛線は「フィリピンから琉球列島をへて、日本、アリューシャン、アラスカに至る線」であり、その中心は沖縄である、としていた。この前提で、実はマッカーサーはG・ケナンが中心となって作成された一九四九年一〇月のNSC13/2の日本再軍備の方針に反対していたのである。この際のマッカーサーの論理は、沖縄を日本から独立させたうえで米軍を駐屯させ、さらに多国間条約によって日本の軍事的中立化＝永世中立国化を保障する、というものであった。日本を「太平洋のスイス」とするという、このマッカーサーの方針は一九五〇年一月にも再び表明されている。ある意味で、マッカーサーはこの時点で米本国政府のコントロールから半ば外れていたのである。ただし、マッカーサーのこの傾向は、前章において扱ったように、すでに日本国憲法制定過程において現れていたものでもある。

またD・アチソン国務長官下の極東局も、マッカーサーとはまた別の論理によって、日本再軍備には難色を示した。結果としては、有名な一九五〇年一月一二日のアチソン国務長官声明による、東アジアにおける米国の戦略方針は——台湾と朝鮮とを防衛ラインから外すという点において——先のマッカーサーによる一九四九年三月、一九五〇年一月の見通しを繰り返したものに過ぎないとも言える[38]。

また一九五〇年六月二五日、金日成の南進によって朝鮮半島における内戦が勃発した翌日二六日には、トルーマン大統領とアチソン国務長官は米国による直接の軍事介入は避ける方針をまず

38 しかし、朝鮮戦争勃発後、米国共和党は、このアチソン声明が「北朝鮮の南進を招いた」として下院にて満場一致でアチソンの罷免を決議した。

は確認した。また北朝鮮軍の南進を最初に知らされたマッカーサーは「韓国軍は自力で勝利できる」とし、韓国・日本に派遣されていた国務省顧問ジョン・フォスター・ダレスも一度はそれに従った。

しかし翌二七日にこの方針は一八〇度覆され、トルーマンは米国空海軍の朝鮮半島への展開、第七艦隊の台湾への派遣、そしてベトナム、フィリピンの反共産主義勢力への支援を一連のプログラムとして発表したのである。

これに驚愕したのは、毛沢東を中心とした中国共産党指導部である。というのも、中国政府は、当時の朝鮮情勢を米国も——中国と同じく——「内戦状態」と見做して介入しないだろうと判断しており、次の戦略的目標は、ワシントンと国民党政府との間に楔を打ち込み、台湾を制圧すること、としていたからである[39]。

一九四九年三月のマッカーサー、および五〇年一月のトルーマン、アチソンの声明も、中国政府にはこの文脈において解釈されていた。スターリンでさえ、「米国の介入はない」と信じていたのである。しかしあくまで慎重なスターリンは一九四九年三月モスクワでの金日成との会談で南進計画を明示的に拒否した。また同時期、金日成は毛沢東にも、あくまで「戦略的守勢」を保つ必要性を説かれている。

ところが、一月一二日のアチソン声明の後、ついにスターリンは金日成の南進計画を許可するに至るのである。ただし、これは「米軍の介入を招かない」という前提である。毛沢東も南進一カ月前の五月一三日に「当面まだ駄目だ」と念を押している。しかし、翌一四日、スターリンから毛沢東に、事実上金日成の南進計画を承認する書簡が届いた。このスターリンの南進許可に関しては、金日成の「米国介入なし」の前提の必死の説得が決め手となったと見做されている。この際、金日成は、あえて毛沢東には相談せず、スターリンから事後通告を送らせる戦略を採用した。

さりながら、この金日成およびスターリンの「希望的観測」は、六月二七日のトルーマン声明によって打ち砕かれた。この米国政府の大転換の背景については、現在、諸説並列している段階であるけれども、おそらくWWⅡ中から反復されていた、軍部および国務省内部での反共派とニューディール派・反植民地主義派の権力闘争が――トルーマン民主党政権と野党共和党との権力闘争と複雑に絡み合いつつ――六月二五日の金日成の「南進」によって、決定的に前者の優位へと傾いた、ということだろう。

さらに、戦端が開かれて三日でソウルが陥落、続く予想外の韓国軍の総崩れに驚いたマッカーサーは、この事態のイニシアティヴを取り戻すべく、地上軍の派遣を本国に要請、これは六月三〇日トルーマンにただちに承認された。さらにソ連欠席の国連安全保障理事会において――インド、エジプト、ユーゴスラビアは棄権――七月七日「国連軍の創設」が決議され、マッカーサーは国連軍司令官に任命された。

39 以下の記述の歴史的「facts 事実」の部分は、和田春樹『朝鮮戦争全史』岩波書店、二〇〇二、朱建栄『毛沢東の朝鮮戦争』岩波書店、二〇〇四、増田弘『マッカーサー』中公新書、二〇〇九などに拠る。

国連軍＝事実上の米軍は、九月一五日、仁川に上陸、戦況は一挙に逆転する。補給線が伸びきった北朝鮮軍は崩壊。一〇月一日にはマッカーサーは金日成に降伏勧告放送を行なうと同時に、国連決議が認めていた三八度線を越えた「北進」を指示した。これに対し、金日成は降伏を断固拒否、毛沢東に即時参戦・救援の要請を出す。

ここで窮地に立たされたのは毛沢東を指導者とする中国共産党政府である。

一〇月二日の政治局拡大会議では周恩来も含めた参戦反対派・慎重派が多数を占めた。また参戦する場合の中国軍の総司令官として毛沢東から指名された林彪はこれを断った。表向きは「健康上の理由」である。慌てた毛沢東は彭徳懐を急ぎ西安から北京に呼び、一〇月四日に第二回政治局拡大会議を開くが、ここでも参戦反対派が多数を占めた。そこで毛沢東は鄧小平を通じて予め彭徳懐に派兵することが決まった場合の総司令官就任を説得したうえで、翌五日に再び政治局拡大会議を開き、ついに「参戦」を決定した。この決定は一〇月七日にソ連に伝えられると同時に周恩来が極秘にソ連を訪問、スターリンと会談した。

しかし、なんとこの会談で金日成の南進を認め、それを中国に事後通告したスターリンは、今回参戦する中国軍に対してソ連は空軍の支援はしない、と断言したのである。周恩来は、ただちに電報でそのことを北京に知らせ、「参戦」の再検討を要請した。

これを受けて毛沢東は中国東北部に待機していた彭徳懐に一〇月一二日、出動停止と北京への帰還を命じる電報を打った。翌一三日、北京中南海にて第四次政治局拡大会議が開かれ、議論の末、ついに中国政府はソ連空軍の援助なしに、朝鮮戦争に「人民義勇軍」を派遣、参戦することを再決定した。しかし、この時点での毛沢東の方針は、中国と隣接する朝鮮北部での反撃拠点づくりを主目標とした防御戦であり、国連軍＝米軍との直接対決は避ける、というものであった。いずれにせよ、中国の「戦争機械 War machine」も翌一〇月一四日には作動し始めたのである。

ところが、毛沢東は一七日、彭徳懐に鴨緑江を渡河することを暫時延期することを命令した。これがいわゆる「第二次停止」といわれるものである。毛沢東は一七日まで二日間、迷いに迷った。そして一八日午前、前線から再び呼び戻した彭徳懐とソ連から帰還した周恩来と中南海の執務室にて毛沢東は最後の議論をする。そのうえで一八日午後、政治局拡大会議が再度開かれ、ついに中国は「参戦」の最終決断を下したのである。一〇月一九日、彭徳懐を総司令官とする中国人民義勇軍は鴨緑江を渡河した。振り返ると、中国は参戦に至るまで、二週間の間に五度の拡大政治局会議＝最高意思決定会議を開いたことになる。

他方、米国側と言えば、「封じ込め政策 containment」の担当者であったG・ケナンは国連軍＝米軍の三八度線突破を批判して八月には国務省を去り、逆に国連軍最高司令官マッカーサーは「中国の参戦はあり得ず」との前提で、三八度線を越えて平壌まで進撃、陥落させた後、さらに北進を続けていた。つまり、開戦前と比較した場合、米軍の「戦略の在り方」に関してG・ケナンとマッカーサーの間で完全に逆転が起こったのである。

元来「封じ込め containment」を主張していたケナンからすれば、三八度線で「戦略的防衛」

に成功すれば、「十分」なのであり、ソ連・中国の介入を招く北進は、米ソの直接対決を招きかねない危険な「軍事的冒険」以外の何物でもない。逆に、自身の東アジアにおける戦略的見通しを覆された形となったマッカーサーは、仁川上陸でとり戻した軍事的成功の主導権を維持したまま、朝鮮半島を統一し、さらに一九五二年の次期大統領選に共和党候補として出馬する野心をもっていた、と推測される。五二年の大統領選に出馬するためには、五一年中には共和党からの指名を確実にしなければならない。とすれば、朝鮮での戦争は五〇年中には圧倒的勝利のうちに終結させる、それがマッカーサーの思惑だったのだろう。それゆえ、マッカーサーは「戦争は感謝祭（一一月二三日）までに終わり、兵士はクリスマスまでには帰国できるだろう」と大見得を切ったのである。

トルーマン大統領とアチソン国務長官はマッカーサーの「暴走」を止めるため、八月にはハリマン元駐ソ大使を東京に派遣し、「戦争は朝鮮に限定されなければならない」と伝え、九月一日の国家安全保障会議文書（NSC81）では、「国連軍の目的は三八度線以北に北朝鮮軍を撤退させること」、「ソ連ないしは中共の介入があった場合には三八度線を越えてはならない」として、マッカーサーを抑え込もうとした。また同日、トルーマンは対中国強硬派であったジョンソン国防長官を更迭する。

これに対し、マッカーサーはワシントンの統合参謀本部の側面援助を受けながら、国連軍の北進を既成事実化するために、一〇月九日に再度、金日成に降伏勧告声明を出したうえで、同日ついに三八度線を越えて進撃をはじめたのである。トルーマンは慌てて一〇月一五日、太平洋上のウェーク島にマッカーサーを呼び出し、「中国の参戦はないか?」と繰り返し確認したが、答えは「NO」であった。

しかし、現実にはすでに見たように、中朝国境付近に集結していた中国人民義勇軍は一〇月一九日に鴨緑江を渡り、ここに一九七五年のサイゴン陥落に至るまでのアジアの「長い熱戦」の火蓋は切って落とされたのである。

この朝鮮半島における米中の直接の軍事衝突は、米国内の政治にもただちに跳ねかえり、国務長官D・アチソンは完全に失脚、元極東局長J・C・ヴィンセントをはじめとする省内の「反植民地主義派」――J・K・エマソンを含む――も一掃され、ラティモア、ノーマンが所属した太平洋問題調査会(IPR)も解散に追い込まれた。

すでに一九四八年にはF・D・ルーズベルトの秘書でヤルタ会談にも同行していたA・ヒスは逮捕、またFRD時代の財務次官補にして一九四四年ブレトンウッズにて英国代表ケインズとともに戦後経済体制の作成に携わったH・デクスター・ホワイトもまた一九四八年、下院非米活動委員会に召喚の三日後、心臓発作にて死去していた。つまり、FRD時代から続いていた「反共」派と「反植民地主義」派の政府内権力闘争は完全に前者の「勝利」に終わったのである。共和党上院議員J・マッカーシーによる上院治安小委会(SISS)は米国エスタブリッシュメントの「反共主義」グループ――たとえば共和党上院議員、後に副大統領、大統領を務めたR・ニクソンやFBI長官E・フーバーの強力な梃子として利用されたにすぎない。また当時民主党上院議員J・F・ケネディも、この点ではマッカーシーと歩を共にした。

ここにおいて、米政府は、トルーマン、アイゼンハワー、ケネディ、ジョンソン、ニクソン、あるいは今に至るまで、東アジア・東南アジアのナショナリズムを「反植民地独立運動」として解釈する機能を喪失した。したがって、一九四六年九月二日、ベトナム民主共和国独立宣言において、一七七六年の米独立宣言と仏革命一七九一年憲法を引用したホー・チ・ミンの「メッセージ」を解読できる者も、米国務省からは姿を消した。

現在では、もし国務省内の「反植民地主義」派が政策に影響力を行使できていれば、東南アジアでの三〇年にわたる「内戦」は回避できたはずだ、とも言われる。

しかし、現実には、植民地独立運動を「共産主義ドミノ」としか解釈できない米国の「反共主義」たちは、ハノイで、サイゴンで、プノンペンで、そして一九六五年にはジャカルタで、爆撃と虐殺を反復する。WWII直後の米国の東アジア戦略・政策の失敗は、一九七五年のサイゴン陥落に至るまで――あるいは一九七九年のポル・ポト政権の崩壊に至るまで――フィリピン、マレーシア、インドネシア、東ティモール、そしてベトナム、カンボジアといった東南アジア（South-East-Asia）全域を血塗られた「内戦」へと引裂く結果へとつながっていくのである。

第6章 越境する世界史家——エリック・ホブズボーム論

エリック・ホブズボーム、歴史家・知識人、一九一七年イギリス統治下にあったエジプト・アレクサンドリアにてユダヤ人の両親の子として生まれる。ウィーン、ベルリンで少年期を送り、ヒトラーが政権を掌握した一九三三年にイギリスに移住、自らが提唱した「短い二〇世紀」を生き抜き、二〇一二年に九五歳でロンドンにて死去。今日から振り返って、F・ブローデル、W・H・マクニールと並び、二〇世紀を代表する歴史家であったと言えるだろう。

一九三八年に当時フランスの植民地であったマグレヴのフィールドワークにて研究歴を開始するが——この点では後に友人となったP・ブルデューと同様である——第二次大戦後、容易に想像できる理由（反植民地闘争とアルジェリア戦争）によってこの分野での研究続行が不可能となり、フェビアン協会の研究に転じる。

その後、イギリス労働運動史を扱った論文集『イギリス労働史研究』（一九六四）、一八世紀から二〇世紀のイギリス経済史を叙述した『産業と帝国』（一九六八）を出版。またテーマ（政治・

経済・社会から芸術・科学まで含む）と地域を横断した一九世紀「ヨーロッパ史」三部作である『市民革命と産業革命』（一九六二）、『資本の時代』（一九七五）、『帝国の時代』（一九八七）を立て続けに書き下ろした。

この「ヨーロッパ史」三部作において採用されているホブズボームの領域横断的なアプローチは、先ごろ翻訳されたホブズボームの伝記『エリック・ホブズボーム——歴史の中の人生』の著者、自身もドイツ近現代史を専門とするリチャード・J・エヴァンズによれば、「二一世紀にいわゆる『グローバル・ヒストリー』が登場するまで真似するものはほぼいなかった」[1]。

その間、中世・近世の支配秩序に対する反逆者たちを民衆史・社会史的な視点から分析した『素朴な反逆者たち』（一九五九）、フランス革命時の農民暴動の専門家G・リューデとの共著『キャプテン・スウィング』（一九六四）、そして『匪賊の社会史——ロビンフッドからガンマンまで』（一九六九）が上梓されている。同じくエヴァンズの言葉を借りれば、これらの著作は「歴史学の議論に『原初的反抗』と『社会的義賊』という新たな概念を導入した」[2]。

また、ホブズボームは一九三五年の一八歳の際、デューク・エリントンのロンドン公演を聞いて以来、ブルース、スウィング、ビーバップなど、ジャンルを越境した熱狂的なジャズ愛好家となっていた[3]。F・ニュートンのペンネームで出版された『ジャズ・シーン』（一九五九）は、この一九五〇年代から六〇年代のホブズボームの民衆文化への関心と共振していると言えるだろう。

そして著者七六歳、一九九四年には、「一九一四—一九九一」という「短い二〇世紀」——ホブズボーム自身が提起したパラダイム――を世界史的に俯瞰した『極端な時代』が上梓された。仏語・独・伊・西・ポルトガル語などヨーロッパ言語のほかにも、アラビア語、ヘブライ語、そして中国語、日本語など世界五〇カ国語以上に翻訳され、ホブズボームの著作の中でも最も注目されることになる。とりわけブラジルでは発売時、書籍全部門でトップの大ベストセラーとなった。翻訳当時（一九九五年）の大統領F・E・カルドーゾと二〇〇三年から二〇一〇年までの大統領ルラ＝ダ＝シルヴァがホブズボームの親しい友人であったことが、この並外れた商業的成功の主要因の一つとされる。

ホブズボームにとって、「短い二〇世紀」における第二世界（社会主義圏）、第三世界は決して、いわゆる「専門」の対象ではない。しかし、英・仏・独語に加え、イタリア・スペイン・ポルトガル語などに通じ、さらにヨーロッパ全域と南北両アメリカおよび、インド、スリランカにも多くの政治家・知識人の友人および親族をもち、ホブズボーム自身、「左派知識人」として生涯を通じて世界政治のアクチュアリティーに強烈な関心を抱きつづけたことが、『極端な時代』の分析と叙述に説得力とともに躍動感を与えることに大きく寄与していると言えるだろう。

また最晩年に至るまで「旅する人」であったこと――一九三九年から一九四五年の第二次世界

1 リチャード・J・エヴァンズ『エリック・ホブズボーム　歴史の中の人生　下』岩波書店、二〇二一、七四頁
2 同書、五八頁
3 ホブズボームがもっとも評価した＝愛したのは、黒人女性ブルース歌手ベッシー・スミスとビリー・ホリディだった。

大戦中の六年間がイギリス国境を越えないもっとも長い期間であった――もホブズボームの特徴である複眼的思考を育む重要な要素ともなったことも間違いない。

さらに、二〇〇二年には八五歳のホブズボームは自伝『わが二〇世紀・面白い時代 Interesting Times』を出版した。この本はいわば「自伝的」二〇世紀史とも言えるものであり、それ自体として極めて「興味深い（Interesting）」内容のものであるが、エヴァンズが伝記の序で述べるように、私的生活の記述は決して多くはない。この点で、両者を補完的に読むことの「面白さ」はあるだろう。

ただし、同じく伝記の序においてエヴァンズ自身が前提としているように、ホブズボームの立場は「左派知識人」としてのそれであり、エヴァンズの立場は中道化・リベラル化した「ニューレイバー」的な、自称「社会民主主義」――欧米ではNATO支持派を意味する――である。

実際、この日本語訳にして上・下二巻、二段組のこの浩瀚な伝記に、「新自由主義」という言葉は二回しか登場しない。それに対し『極端な時代』の第三部は「新自由主義グローバリズム」による地球規模の世界の再編成を大きな舞台として構成され、「アヴァンギャルドの死」というきわめて重要な問題提起もこの文脈においてはじめて位置づけられ、理解され得るものとなる。したがって、エヴァンズによるホブズボームの「文化的保守主義」という括りは端的に的外れなだけでなく、歴史家として『極端な時代』第三部全体をまったく「読めていない」。この点に関しては、本論考の後半で詳述する。

ただし、ホブズボームの死後明らかになった公的資料、たとえば英国軍事情報部（ＭＩ５）による長期間の監視記録などは——ホブズボーム自身ある程度予期していたこととはいえ——エヴァンズの本ではじめて裏づけられた。MI5、そしてMI6、FBIによる「要注意人物」、ホブズボーム監視記録の追跡はエヴァンズの本の読みどころの一つだろう。その追跡調査の過程では、映画『裏切りのサーカス』[4]の原作者であり、日本でもほとんどの著作が翻訳されている元MI5、MI6職員のジョン・ル・カレも登場する。

ともあれ、ここではまずは、自伝・伝記、そしてホブズボームの他の著作などを参照しつつ、大陸欧州や日本との比較の視点も交えながら、時系列的に歴史家の「短い二〇世紀」の歩みを追っていこう。

1　アレクサンドリア、ウィーン、ベルリン

エリック・ホブズボームの父方の祖父母は、一八六〇年代に帝政ロシアの支配下にあったポーランドからイギリスに移住して来た「アシュケナージ」[5]である。ただし、エリックの父パーシー

4「サーカス」とは、英国軍事情報部MI6のこと。
5「アシュケナージ」とは当時中東欧・ロシアに広く在住していた「イディッシュ」と呼ばれる言語を話すユダヤ系の人々のこと。ホロコーストの犠牲になったユダヤ系の大部分がアシュケナージの人々であった。当時の中欧ドイツ語圏における——とくにウィーン・プラハ・ブタペスト——アシュケナージから同化ユダヤ人・知識人への世代

はロンドンの有名なユダヤ人地区であるイースト・エンドでイギリス国民として生まれ、英語を母語とし、エリックにはイディッシュ語をはじめとした「アシュケナージ」の文化は伝わらなかった。

成人後、パーシーはイギリスの植民地統治下にあったカイロの郵便電信局の職員としてエジプトに渡る。当時、エジプトの主要な公的機関はイギリス人が運営し、パーシーのように高等教育を受けていなくとも、英国民であれば雇用の機会が提供されていたのである。

母ネリーはウィーンで成功した「同化ユダヤ人」（宝石商）である両親から生まれ、中学を優等で卒業した後、保養のためアレクサンドリアを訪れ、パーシーと出会う。二人は婚約するが第一次世界大戦が勃発、オーストリアとイギリスが敵国同士となったため、まず中立国のスイスで一九一五年に結婚し、そのことによってネリーがイギリス国籍を取得して後、アレクサンドリアに帰還した。そして「短い二〇世紀」の始まりの年、一九一七年、アレクサンドリアにてエリックは生を享けた。

しかし、大戦終結後のエジプトでは独立ナショナリズムが高揚し、イギリス国籍のホブズボーム一家は身の危険を感じて、母の実家のあるウィーンに戻ることとなった。こうした国境を越える頻繁な移動は、当時のユダヤ系にとっては決してめずらしい事例とは言えない。

とはいえ、敗戦国となり、解体したハプスブルク帝国の首都への移動という選択は過酷な結果をともなうこととなった。戦前は中産階級とも言えたホブズボーム家は経済的困窮に苦しめられ、エジプトで公務員であった父パーシーは、安定した仕事に恵まれないまま一九二九年に突然死し、母ネリーも一九三一年、結核によって死去。エリックは一四歳で孤児になってしまったのである。幸い、パーシーの弟シドニーとネリーの妹グレートルが結婚してベルリンに在住していたため、エリックは妹ナンシーとともに叔父・叔母夫婦に引き取られることとなった。

一九三一年から三三年の間、エリックはベルリンのプリンツ・ハインリッヒ・ギムナジウムに通いながら、社会主義学生同盟に加盟し、パンフレットの文章や大衆集会などで反ナチズムの運動にささやかながら参加する。とりわけ一九三三年一月二五日、共産党による反ナチス最後の合法的なデモは、情動的な面におけるエリックの「共産主義」の原点となった。この時の経験はホブズボー

を跨いだ移行としては、S・フロイトやK・クラウス、S・ツヴァイク、F・カフカ、音楽家としてG・マーラー、A・シェーンベルクがいる。やや早く社会的上昇を遂げていたユダヤ系出身の知識人としては、H・ブロッホ、L・ウィトゲンシュタイン、K・ポパー、K・マンハイムが挙げられる。要するに、一九世紀末から二〇世紀初頭にかけてのドイツ語圏での知的空間のかなりの部分は、――T・W・アドルノ、M・ホルクハイマー、W・ベンヤミン、そしてE・ブロッホといったフランクフルト学派とその周辺を加えれば――ユダヤ系知識人によって支えられていたのである。

ホブズボーム自身、晩年は自己の文化的背景を「中央ヨーロッパのユダヤ人」と繰り返し位置づけていた。この中欧ドイツ語圏のユダヤ系知識人の空間は、フランス革命の衝撃――ユダヤ人解放――によって創り出され、一九世紀にはK・マルクス、H・ハイネ、M・メンデルスゾーンを生み出した。しかし、この空間はナチス・ドイツによって徹底的に破壊され、戦後のドイツ語圏の知的風景からは消滅した。それ故、第二次大戦後、フランクフルトへ帰還する際にアドルノ、ホルクハイマーは、ナチスを支持したドイツ人たちに「語りかける」ことにかなりの逡巡を覚えざるを得なかったのである。

ム晩年の自伝では、次のように記述されている。

われわれは歌った。今もぼろぼろになった歌詞のパンフレットをもっているが好きな歌には印がついている。「インターナショナル」、農民戦争の歌「ガイアーの黒い兵隊」……ハンス・アイスラーの「赤い結婚式」、そしてゆっくりとした荘厳な聖火「友よ、太陽へ自由へ」。われわれは一つになった[6]。

しかし、このデモの五日後にはヒトラーは首相に指名され、三月には国会議事堂放火事件を口実として、共産党、社会民主党は非合法化された。同年上半期には、少なくとも六〇〇〇人以上が政治的理由で殺害され、夏までには一〇万人以上の社会民主党員、共産党員がダッハウをはじめとする強制収容所に送られた。

この間、一九三三年四月一日にはナチス政府による組織的扇動によってユダヤ人の商店・事業に対するボイコットが起こるが、幸運にもホブズボーム一家は三月終わりにはドイツを離れ、イギリスに向かっていた。ナチスの政権掌握直前の一九三二年に、ドイツ政府が国内企業の従業員の少なくとも四分の三はドイツ人でなければならない、とする法律を制定したため、叔父シドニーは失業し、生計の道を断たれていたからである。

2　グラマー・スクールからキングス・カレッジへ

ロンドンに渡ったエリック少年は公立のグラマー・スクールに編入、さらに奨学金を得てケンブリッジのキングス・カレッジへ入学する。このキングス・カレッジへの入学はその後のエリックの人生を決定的に左右することとなった。それまでエリックの一族で大学へ進学した者はおらず、通ったグラマー・スクールからケンブリッジに入学した者もいなかったのである。

元来、ケンブリッジ・オックスフォードに進学する学生の多くは、イートン、ハロー、ウィンチェスターなどの「パブリック・スクール」(私立)出身者が多い。しかし、ホブズボームの同世代で学生共産党員となり、第二次大戦後一九五六年のスターリン批判の際、党の対応を批判して脱党、「第一次ニューレフト」の中心となったオックスブリッジ出身者の研究者、たとえばC・ヒル(近世史)、R・ヒルトン(中世史)、R・ウィリアムズ(カルチュラルスタディーズ)はすべてグラマー・スクール出身者である。

「第一次ニューレフト」の歴史家たちのなかでは、『イングランド労働者階級の形成』、『ウィリアム・モリス』の著者であり、イギリス反核平和運動のリーダーの知識人ともなったE・P・トムソ

6『わが二〇世紀・面白い時代』河合秀和訳、三省堂、七八 - 七九頁

ンは例外的に、WWII中にブルガリアで「反ファシスト」パルチザンの連絡将校としての任務中に逮捕・銃殺された兄フランク[7]とともにオックスフォード大学講師の父をもつ、「パブリック・スクール」出身・オックスフォード卒業という経歴になる。

さて、一九三六年一〇月、キングス・カレッジの授業が始まる前に三カ月間フランスに滞在したエリックは、人民戦線内閣が成立した直後の七月一四日、パリで革命記念日の伝説的なデモ＝祝祭に参加、さらに内戦がはじまっているスペインにまで旅をし、再びパリでスペインの女性共産主義者、ドロレス・イバールリ「La Passionaria」の雄弁に立ち会った。またエリックはこのフランス滞在中に、S・マラルメ、C・ペギー、そしてL＝F・セリーヌをフランス語で読みつづける。

イギリスに帰国してキングス・カレッジに入学した時、エリックにはすでに反ファシズム人民戦線の主軸として「共産主義」の像が刻み込まれていた。この「人民戦線」という戦略は彼にとって生涯にわたる政治指針となる。

3 「赤いケンブリッジ」

一九二九年のウォール・ストリートの「クラッシュ」に始まり、ソ連以外のほぼ全世界中に波及した三〇年代の大恐慌は、イギリスおよびヨーロッパの中産階級にも激しい動揺を引き起こした。その結果、大陸ヨーロッパの中産階級と当時エリートであった大学生の多くは全体として右傾化した。それに対し、ケンブリッジ、オックスフォードの学生は急激に左傾化・急進化した。

大陸ヨーロッパの学生の右傾化は、一九二〇年代の東大新人会や三〇年代初頭から中頃の旧制高校・帝大の学生、たとえば中井正一（一九〇〇年生まれ）、久野収（一九一〇年生）、丸山眞男（一九一四年生）、野間宏（一九一四年生）、日高六郎（一九一七年生）、堀田善衛（一九一八年生）、加藤周一（一九一九年生）などの、アングロサクソンというよりは大陸欧州志向の知識人の名前を想起すると、意外に思えるかもしれない。

しかし、ハイデガーに熱狂したドイツの哲学青年の多くは──H・アレントやH・マルクーゼなどのユダヤ系を除いて──ナチスの支持者でもあったし、のちフランス第五共和制はじめての左派の大統領となるF・ミッテラン（一九一六生）は、モーリス・バレスを愛読し、反ユダヤ主義と外国人排斥を唱える有力な極右団体「火の十字団」に所属していた。J＝P・サルトルの一九三九年の小説『一指導者の幼年時代』は、当時のフランスの中上層のブルジョア青年のファシズムへの傾斜を見事に活写している。

それに対し、オックスブリッジの学生の反ファシズムは一九三六年のスペイン市民戦争において

7　エドワードの兄フランク・トムソンはオックスフォードにおける左派グループのリーダーとなり、WWII中はバルカン半島とカイロを結ぶ「反ファシズム」レジスタンスの連絡将校となっていた。弟のエドワードはフランクに非常に強い影響を受け、戦後の一九四六年、兄の回顧録『ヨーロッパに魂あり』を出版している。ケンブリッジにおけるジョン・コンフォードに対応するカリスマ的存在であったようである。

頂点に達する。オックスフォードからはW・H・オーデン、S・スペンダー、L・マックニースらの詩人たち、ケンブリッジからは、V・ウルフの甥であるJ・ベル（詩人）、C・ダーウィンの曾孫のJ・コーンフォード（詩人）が、「反ファシズム」の大義から共和国側に国際旅団義勇兵として参加し、ケンブリッジの詩人たちは両名ともスペインで戦死した。

また、一九三〇年代のケンブリッジはほぼすべての分野の自然科学において世界の最先端に位置していたが、ケンブリッジに所属する科学者の多くが、左派的・急進的な平和主義の支持者であった。G・H・ハーディ（数学）、J・B・S・ホールディン（数学・遺伝学、ノーベル賞）、L・ホグベン（動物学・遺伝学）、C・H・ワディントン（発生学・遺伝学、古生物学）、J・D・バナール（結晶学・現代分子生物学の創始者、『黒いアテナ』の著者、M・バナールの父でもある[8]）、J・ニーダム（生化学及び科学史）、P・ブラケット（物理学、ノーベル賞）、そして一九二八年、二八歳で「場の量子論」に関する波動方程式を完成させ、量子力学から素粒子物理学への道を開いた二〇世紀を代表する天才物理学者の一人、P・ディラック（当然ながらノーベル賞）などなどである。

ホブズボームの「ヨーロッパ史」三部作及び『極端な時代』では、簡にして要でありながらも、かなりの頁が「科学」について割かれている。とくに『帝国の時代』の「確実性の揺らぎ――科学」と『極端な時代』の「魔術師とその弟子たち」では、G・カントールの集合論からD・ヒルベルトの公理主義を経て一九三一年のK・ゲーデルの不完全性定理にいたる数学基礎論の危機、相対性理論と量子力学が引き起こした「第二次科学革命」、生化学から結晶学を経由したDNA革命、古生物学を通じた地質学と進化理論の一九六〇年代以降のパラダイム・シフトなどのすべてが流れるような明快さで記述されている。

しかも、科学史的記述が他の部門と見事に調和し、統一されている。これは、たとえ良質な二次文献とそれぞれの専門の科学者のチェックの双方のサポートがあるにしても、常識的には経済史・社会史の専門家が一人でなし得ることではない。ホブズボームのこうした科学への並々ならぬ関心は、当時のケンブリッジの科学者集団の政治的傾向抜きには考えられないだろう。ホブズボームのケンブリッジの「赤い科学」への関心は二一世紀にも引き継がれ、二〇〇六年、J・D・バナールを論じた「赤い科学　Red science」、二〇〇九年、J・ニーダムを扱った「驚異の時代　Era of Wonders」が発表されている。

このような環境と個人史を背景にして、ある意味ごく自然に、キングス・カレッジ入学後の一九三六年、エリックは共産党に入党した。ケンブリッジの学生共産党員時代、彼がとくに親しくしていたのは、英帝国の植民地、とりわけインドからの留学生たちだった。

8　バナールは、自身はノーベル賞をとるような個別研究を達成しなかったとはいえ、周囲に強烈なインスピレーションを引き起こす、いわゆる「総合的天才」タイプの科学者であった。バナールの学生あるいは周辺にいた次の世代の分子生物学者・生化学者としてはロザリンド・フランクリン、F・クリック（一九六二年ノーベル医学生理学賞）――いわゆる「DNA革命」革命の立役者たち――M・ペルーツ（一九六二年ノーベル化学賞）、J・ケンドリュー（一九六二年ノーベル賞）、ドロシー・ホディキン（一九六四年ノーベル化学賞）、A・クルーグ（一九八二年ノーベル化学賞）などの名前が挙げられる。

自身、半ば外国人——しかもユダヤ人——であった彼は党の植民地部門に積極的に関与し、そのことが一方では最初の研究テーマである「マグレヴにおけるフランス帝国主義」論へとつながり、他方では英領インドからの留学生との友情を育くむことになったのである。

エリックが親しくしていた留学生の中には、独立後、インディラ・ガンディーの政府の閣僚となったモハン・クマラマングラムやスリランカ共産党総書記になったピーター・クーネマン、やはりインド共産党総書記になり、後内務大臣となったインドラジット・グプタなどがいる。また、当時LSEに留学しており、後やはりインディラ・ガンディー政権下で官房長官となるP・N・ハクサールとも交流があった。ハクサールとクーネマンは、一九三九年パリにて開催された世界学生連盟にも、エリックと共に参加している。ホブズボームの自伝にその際の記念写真が掲載されているが、そこに両者の姿を確認することができる。

ところで、エリックは一九三九年にケンブリッジの「使徒の会 Apostles」のメンバーに選出されている。この「使徒の会」とは半ば秘密の知的サークルであり、その事柄の性質上、彼の自伝にもエヴァンズの伝記にもそれほど詳細な記述はない。

しかし、過去の会員の一部、たとえばB・ラッセル、L・ウィトゲンシュタイン、G・E・ムーア、A・N・ホワイトヘッド、E・M・フォースター、そしてJ・M・ケインズ、さらに会員ではないが関係者として、ナチスの暗号「エニグマ」の解読者にしてAI理論の創始者でもあるA・チューリング——エリックのキングスの同級生でもある——といった名前を想起すれば、ケンブリッジにおけるある種の「知的エスタブリッシュメント」のグループであることは間違いないだろう。このことは、ナチス政権成立後、経済的に困窮して渡英したユダヤ人、また一族のうち誰も大学出身者がいないユダヤ人であるエリックに対して、イギリスの知的エリートへの扉が開かれたことを意味する。この「使徒会」への自らの選出について、ホブズボームは二〇〇二年の自伝において次のように回顧している。

このような会の会員に選出されると、ケンブリッジのどんな学生でも断れそうになかった。革命家でさえも、相応の伝統の中にはいたいと思うものである[9]。

マルクス主義者・共産主義者であること――左の焦点――とイギリスの知的エスタブリッシュメントであること――右の焦点。この左右の焦点が描く楕円状の軌跡の上に、その後のエリック・ホブズボームの人生は描かれていくのである。

9『わが二〇世紀・面白い時代』一八八頁

4 世界戦争

一九三八年三月にオーストリアを併合したナチス・ドイツは、続いてチェコスロヴァキアのズデーテン地方の割譲を要求した。これに対し、ヒトラーに対して一貫して「宥和政策」を採り続ける、イギリスのネヴィル・チェンバレン首相は、悪名高い「ミュンヘン会談」においてチェコスロヴァキアを犠牲とし、ナチス・ドイツとの戦争を回避しようと試みる。

しかし、予想されたようにヒトラーは、ポーランドのベック大佐の軍事政権、ハンガリーのホルティ独裁政権とともに、チェコスロヴァキア全土を占領・分割し、スロヴァキア、ルテニアはドイツの保護の下、事実上独立した。さらに、チェンバレンは反共主義とポーランド軍への過大評価によって、ソ連との同盟を拒否する。その結果が、複数の方面で破滅的な影響をもたらした一九三九年八月二四日の独ソ不可侵条約の締結であった。

時をおかず、一週間後の九月一日、ドイツ国防軍は五月二三日にはすでに決定事項となっていたポーランド侵略を開始、三日、英仏は——逡巡しながらも——ドイツに宣戦布告、ここに六年に及ぶ人類史上もっとも悲惨・過酷、そして汚辱に満ちた、第二次世界大戦の火蓋は切られたのである。

よく知られているように、WWⅡにおいては最終的には、陸ではソ連赤軍、海ではアメリカ海軍が、それぞれドイツ国防軍、日本の連合艦隊を粉砕するうえで決定的な役割を果たした。とはいえ、ソ連は一九三七〜三八年の赤軍将校の大量粛清と独ソ開戦直前のスターリンの状況判断の決定的な誤りもあり、二〇〇〇万〜二六〇〇万人の途方もない犠牲を強いられることになる。

しかし、ホブズボームを含め、当時の人々に青天の霹靂ともいえる衝撃を引き起こしたのは、自称「ヨーロッパ最強の陸軍」を擁していたはずのフランスのあまりもあっけない──開戦六週間で降伏──敗北であった。

純軍事的観点から見れば、フランスの敗北は決して「必然的」なものではない。ホブズボーム自身『極端な時代』第一部において、ちょうど半世紀前の衝撃を「一九四〇年、フランスは自分たちより劣っていたドイツ軍にいとも簡単に侵略を許してしまい、何の迷いもなくヒトラーへの服従を認めてしまった」[10]と振り返っている。

西部戦線に動員可能なドイツ側の兵力は一三五師団、三〇〇万人余り、英仏連合軍は一五一師団、四〇〇万人程度、野戦砲ドイツ七三七八門、英仏一万四〇〇〇門、「電撃戦 Blitzkrieg」に必要な戦車、戦闘機も、それぞれドイツ二四三九両、英仏四二〇四両、ドイツ三五七八機、英仏四四六九機、しかも戦車の装甲は、英仏ともドイツ側の倍以上あったのである[11]。

10『二〇世紀の歴史　上』大井由紀訳、ちくま学芸文庫、八五頁
11『ヒトラーとドラッグ』N・オーラー、須藤正美訳、白水社、二〇一八、七九-八〇頁

加えて、ドイツはヴェルサイユ条約の規定によって、一九三五年までは海軍・空軍の保有は禁じられ、陸軍は一〇万人に制限されていた。したがって、兵器・装備および兵士の練度、そして兵站補給の伝達システム、これらのすべての点で、両大戦間中に徴兵による大規模常備陸軍を保有していたフランスと比較した場合の劣勢は当然なことであったのである[12]。

ヒトラー自身もチェコスロヴァキア解体の際と同じく、英仏は戦争という選択を避けるだろうと予想（期待）していた。英仏の宣戦布告を受けたドイツ国防軍参謀本部も、WWIの記憶から勝算の薄いことを憂慮して、ヒトラーに対するクーデターを企てたような状況であった[13]。

なるほど、戦術的にはマンシュタインとグデーリアンが考案した、ベルギー・アルデンヌの森を装甲師団に突破させる「電撃戦」は、戦車兵、歩兵、そしてロンメルなどの前線指揮官に大量にメタンフェタミン（覚醒剤）を服用させ、二昼夜休息なしで進撃しつづけることを可能にした。このことによって、フランス軍は、少なくとも一時的には、相互に分断され、指揮命令系統も攪乱された。

しかし、フランスの主たる敗因は、アナール派の創始者であり、後にレジスタンスに参加し、逮捕・銃殺される歴史家マルク・ブロックの言うように「精神的なもの」だった[14]。

フランスでは、大恐慌後三〇年代にシャルル・モーラス率いる「アクション・フランセーズ」、ラ・ロック大佐の「火の十字団」、J・ドリオの「フランス人民党」などの極右団体が伸長し、ドリュ・ラ・ロシェル、R・ブラジャック、そして若き日のM・ブランショなど極右作家もそれなりの読者を獲得していた。要するに、フランス社会は反ファシズムの合意――とくにエリート内部で――がまったく形成されておらず、ナチスの侵略に対して断固として戦う気概と覚悟に欠けていたのである。いずれにせよ、ナポレオン・ボナパルト以来の「フランス大陸軍　Grande armée」の幻影は粉々に砕け散った、しかも移動の速度によって数に勝る敵を分断・各個撃破、戦意を喪失させ、戦争を短期に終結させるというナポレオンがもっとも得意とした「電撃戦」によって。このことは、たんに、「革命の国」フランスを第二の祖国と考えていたホブズボームのようなヨーロッパの知識人に絶望的な衝撃を与えたのみならず、その後の世界史にも決定的な影響を及ぼした。

仮に、ヒトラーやドイツ国防軍首脳が恐れていたように、フランス軍がメタンフェタミンによって武装された最初の「電撃」攻撃を持ちこたえ、自称「ヨーロッパ最強の陸軍」の「真の実力」を発揮して、ドイツを降伏させないまでも、劣勢に追い込んでいればどうであったであろうか？

12　したがって、非武装地帯とされていたラインラントへの一九三六年の進駐の際、英仏が毅然として対応していれば、この時点で政権としてのナチスは国防軍によるクーデターによって崩壊していただろう。

13　にもかかわらず、チェンバレンは宣戦布告後もなお、ドイツとの政治的妥協＝講和を模索しつづけていた。「ドイツ軍がポーランドに侵攻していた時ですら、ネヴィル・チェンバレンはヒトラーの計算通り、ヒトラーと取引するつもりでいた」『二〇世紀の歴史　上』三一九頁

14　軍事史家H・P・ウォルモットは、英仏軍とドイツ軍の軍事的側面についてオーラーよりも詳細な分析を提示しているが、結局のところ最終的には「政治的・心理的要因」が決め手になったと示唆している。『大いなる聖戦　上』等松春夫監訳、図書刊行会、二〇一八、一六五－一七八頁

おそらく、国防軍によるクーデターによりヒトラーは倒されただろう。その場合の「戦後ヨーロッパ秩序」がどのような形になり得たのかは推測の域を出ない。

ただし、確実に言えることがある。アウシュビッツ・ビルケナウ、トレブリンカ、ソビブル、マイダネク、ヘウムノ、ベウゼツなどの絶滅収容所——そもそもナチスはこれらの施設を建設できなかっただろう——における「ショアー」は起こらなかっただろうし[15]、パレスティナでのイスラエル国家建設は認められなかっただろう、ということだ。その意味でWWIIにおけるフランスの「結果責任」はきわめて重い。

ところで、この六年間にも及ぶ世界戦争中、われらがエリックはどうしていたのだろうか？ホブズボームは、当初、英仏独のトリリンガルであることを生かして、情報部・暗号研究班勤務を希望した[16]。しかし、この要望は、「母親がイギリス人ではなく、敵国人」（法的国籍としてではなく、「民族的に」オーストリア人である）ことを理由として却下された。

また第二戦線の構築を前提としたエリックの海外・前線勤務希望もすべて拒否される。実は、この頃にはすでに、ホブズボームは、スコットランドヤード（ロンドン警視庁）の公安課とＭＩ５にマークされていた。当局としては、「要注意人物」を監視が容易な国内に留めておく方針だったのである。

5 冷戦とレッド・パージ

WWⅡ後、アメリカの主導、ソ連の受動的参加によって、世界は国際冷戦レジームに再編された[17]。この冷戦体制への再編は、マルクス主義者としてのホブズボームにとって大きな試練となった。

資料から確認できる限りでは、一九四八年のコミンフォルムからのユーゴスラヴィア追放の頃にはホブズボームは、ソ連とイギリス共産党への政治的信頼をすでに喪失していた。にもかかわらず、「反共リベラリズム」を利することを嫌うホブズボームは、党籍を離脱することも選択しなかった。

このことは、当時アメリカを中心に荒れ狂っていた西側におけるレッド・パージの対象にホブズボームも巻き込まれることを意味した。

当時の米国における「レッド・パージ」の凄まじさは、第五章で詳述した通りである。この「レッ

15 ホブズボームの親族のうち、大陸ヨーロッパに居住していた人たちはすべて虐殺された。
16 ホブズボーム本人は、同級生のA・チューリングをはじめ多くのキングス・カレッジ関係者が在籍した、暗号解読センターであるブレッチリー機関での任務を希望したが、これも叶わなかった。
17 国際冷戦レジームにおける米ソの非対称性については、三宅「国際冷戦レジームと第三世界」および三宅論文にて言及されている文献を参照。

ド・パージ」は、日本でのイメージと異なり、北米では一九五〇年代を通じて吹き荒れつづけた。

一九五〇年にカナダ治安警察の六週間にわたる「尋問」を耐え抜いたH・ノーマンを、翌五一年、米国上院司法委員会（SISS）にてK・ウィットフォーゲルは「コミュニスト」としてラティモアとともに「名指し naminig names」する。五二年に再び――FBIの圧力を受けた――カナダ治安警察の「尋問」を潜り抜けたノーマンは、外相ピアソンのはからいで一九五三〜五六年、ニュージーランド領事へと「避難」。このニュージーランド時代にノーマンは日本を一度訪れているが、その際には私的に丸山眞男、渡辺一夫、中野好夫などの研究者としか会うことをしなかった。ただし、その際ノーマンは「日本の憲法は大丈夫なのでしょうか？」と懸念していたという。時あたかも、一九五五年に「自主憲法改正」を大義名分として自由民主党が結成された頃である。けだし、ノーマンが自ら深く関与した日本国憲法をはじめとした「戦後革命」＝「戦後改革」の行く末を案じたとしても、それは当然のことであろう。

その後、盟友とも言える外相ピアソンは一九五六年にノーマンをエジプト大使兼レバノン公使に任命し、激動の国際政治の舞台へと連れ戻す。ノーマンがエジプトに赴任したのは、ナセルのスエズ運河国有化宣言の三週間後のことだった。この年の夏、英・仏・イスラエル軍は共同でエジプトに軍事侵攻する。英仏軍はスエズ運河を攻撃、イスラエル軍はシナイ半島に侵入した。

一九五六年の年末、「即時停戦」に反対する旧宗主国イギリスに同調しなかったカナダ外相ピアソン[18]は国連総会にて国連緊急軍（UNSF）の派遣を創設と派遣を提案、可決される。国連総長ダグ・ハマーショルド[19]はカイロに飛び、そしてノーマンも直接会談を行なって、ナセルに、オランダ、スウェーデン中心の「国連緊急軍」の受け容れを説得。これによって英仏軍はついにスエズ運河から撤退、最後まで「ガザ占領」に拘ったイスラエルもついに一九五七年三月に撤退し、ここに第二次中東戦争は、政治的・戦略的にはエジプトの「勝利」に終わったのである。

この交渉の過程で、ノーマンの態度は、一貫して欧米主流派世論と異なり「ナセルは中東のヒトラー」などではなく、植民地主義に抵抗する運動の象徴であり、国際社会（欧米社会）は、この「世界の大勢」を受け入れなければならない、というものであった。この態度はまさに「白人の植民地主義」を糾弾した少年の日から「赤いケンブリッジ」の青年期、そしてハーバード燕京研究所でのIPR時代、さらにWWII後の日本の「戦後改革」＝「戦後革命」に関与したノーマンの人生を構成した思想、と言えるだろう

この第二次中東戦争の「停戦」のイニシアティヴに対して、ピアソンは一九五七年ノーベル平和

18　これに対し、オーストラリアは旧宗主国である英国に同調し、エジプトの大使館を閉鎖した。ノーマンはエジプト在住のオーストラリア人の生命・身体の安全にも責任をもつこととなった。

19　ハマーショルドもまた、一九六〇～六一年のコンゴ動乱の際、MI6、CIAそして南アフリカの情報機関の「共謀」によって暗殺された。これはブラック・アフリカの脱植民地化への支持、南アフリカのアパルトヘイト政権への批判の文脈以外に、国連事務総長ハマーショルドとピアソンの第二次中東戦争における「連携」に対する「報復」の意味があった可能性がある。というのも、ハマーショルドは、コンゴのルムンバ政権に対しては、エジプトのナセルよりは遥かに「慎重な」距離を保っていたからである。

賞を授与される。この名誉にはノーマンもともに与ったとみて差し支えない。

しかし時を同じくして一九五七年三月、かつてSCAP／GHQにおいて「ラディカル」派としてノーマンと共闘したJ・K・エマソンが米国上院治安小委員会（SISS）から召喚される。ここで、一九五二年のウィットフォーゲルの証言が再び読み上げられた。SISSではエマソンがスエズ動乱の際、米国レバノン大使であり、一九五六年にベイルートにてノーマン夫妻と一〇年ぶりに再会の食事をしたことが、「エジプトを西側から喪失させた密議・謀議」[20]として解釈されたのである。このニュースをノーマンが知ったのは、ナセルとの最後の会談の翌日である。同日、ピアソンはカナダ議会にてSISS批判とノーマン擁護の演説を行ない、その最後を次のように締めくくった。

彼は今、もっとも困難な場所で極度に重要な仕事をしている、それも私の心からの尊敬と絶対の信頼に値するやり方で。米国上院治安小委員会のレポートにある彼への中傷と根拠のない当てこすりに対しては、彼らに値する侮蔑をもって処するのみである[21]。

しかし、SISSはノーマンに続いて外相ピアソンその人にまで「パージ」の対象を拡大することを仄めかすに至る。そして続くエマソンの再度の喚問と当時ハーバードに客員教授として滞在していた都留重人召喚の知らせ。ノーマンは、FBIとカナダ治安警察の「長い手」が自らを決定的に捉えようしていることを直感した。またこのままではFBIは盟友ピアソンにまで嫌疑をかけようとすることをノーマンは憂慮した。

一九五七年四月三日夜、ノーマンはカイロにて『修禅寺物語』（中村登監督）を観て、「映画から啓示を得た」と周囲に語る。

そして翌四日、H・ノーマンはカイロの八階建てビルディングから投身自殺へと誘われたのである。

ここでホブズボームに立ち戻れば、なるほど、イギリスでは、レッド・パージは北米大陸よりは穏やかに行なわれたとは言えるだろう。それでもベルリン封鎖の年、一九四八年からキューバ危機後の「雪解け」（一九六〇年代）までは、共産党員には大学の研究ポストは閉じられることとなり、すでに教職についていた研究者に関しては、業績とは関係なく昇任は一〇年以上凍結された。

ホブズボームの場合、除隊後BBCに常勤の職を得ようとしたが、これはMI5に阻止された。BBCに関しては、一九四七年にもホブズボームは「歴史概説」シリーズを提案したが、これも当時BBC幹部であったP・ラスレット（歴史家、後にケンブリッジで思想史を担当）に却下されている。

しかし、ホブズボームは幸いにして一九四七年にロンドン大学バーベック校（夜間成人教育）にポストを得た。一九四八年になれば、もう不可能だっただろう。一九二四年生まれのE・P・トム

20 そもそもSISSは「中国喪失 We lost China. Why ?」の問いによって一九五二年に立ち上げられた上院委員会である。
21 中野利子前掲書、二二七頁。

ソンは、一九六五年にウォーリク大学社会史研究所長になるまでは、ヨークシャの労働者成人教育に従事している[22]。

ホブズボームは一九五九年まではいわゆる「万年講師」。一九六五年と七一年にはケンブリッジの経済史のポストに応募するも、いずれも政治的理由により不採用。一九六七年のオックスフォードの経済史講座への道は、歴史家ヒュー・トレヴァー＝ローパーによって閉ざされた。トレヴァー＝ローパーは、CIAが提供した資金によりWWII直後に設立された「文化自由会議」において——フランスのレーモン・アロンと並んで——英国代表とも言える「情熱的」な「反共」自由主義者であったので、彼が選考委員会の有力メンバーになった時点で、エリックの不採用は決定されていたと言えるだろう。

英および米政府当局からのホブズボームへの「ハラスメント」は一九六〇年代を通じて続く。一九六六年、MITから半年の客員教授として招聘された際には、FBIは「ペルソナ・ノン・グラータ　**Persona non grata**」としてホブズボームは原則入国不可であることを大学当局に勧告し、FBIの監視下において大学教育にのみ従事することを条件に入国を許可した。

一九六八年、インドから歴史学のセミナーの参加者として招待された際には、渡航費を担当することになっていたブリティッシュ・カウンシルが「マルクス主義者」には航空運賃は支払えないと通告してきた。この際は、ケンブリッジ時代の友人、「使徒の会」メンバーでもあったノエル・アナンの助力によってエリックはインドに行き、やはりケンブリッジ時代の友人でインディラ・ガンディー政権のメンバーにもなっていた、P・N・ハクサールやモハン・クマラマンガラと旧交を温めることができた。

さらに一九七〇年、ユネスコ主催のレーニン生誕一〇〇周年を記念したセミナーへの参加を、当時の総裁であったルネ・マウがホブズボームに依頼したところ、英外務省は正式な抗議を申し入れた。エヴァンズによれば、「マウと直接会って」この招待を「諫めるために」派遣された役人とのやり取りは次のようなものだった。

私がホブズボームはイギリス共産党員だと言ったら、ムッシュー・マウは「それが何というのだ？」と応えた[23]。

満腔の軽蔑を内に秘めた「それが何か？ Et alors?（または）So what ?」を聞いた英外交官は心外だっただろう。彼は多少運がわるかったと言うべきかもしれない。というのも、ルネ・マウは、パリ高等師範学校時代、J＝P・サルトル、ポール・ニザンと「トリオ」を常に組んでいた一人だったからである。共産主義者ニザンと「アナーキスト」サルトルを親友として青春を過ごしたマウに

22 ただし、トムソンはこの時期に『ウィリアム・モリス』（一九五五）、『イングランド労働者階級の成立』（一九六三）という彼の主著とも言える二冊を上梓している。
23 エヴァンズ同書下、一二一頁

とって、ある会議で自らが直接観察し、知的に強い興味をもったE・ホブズボームが「イギリス共産党員」であったからとて、まさに「それが何か? Et alors?」でしかなかっただろう[24]。

6 フランスへの愛と決別

先にホブズボームの世代にとって、フランスは「第二の祖国」であったと述べた。しかし「第二の祖国」はまだ婉曲語法であって、ホブズボーム自身の言葉では「自分自身の国とフランスという二つの祖国をもっていた」[25]と表現される。実際、ホブズボームは一九三三年以降、最晩年に至るまで毎年フランスを訪れている。それほど、フランスはエリックにとって「いつまでも特別な国だった」[26]のである。

とはいえ、ホブズボームにとって、フランスが政治的・政治思想的に特に重要だった時期がある。冷戦が頂点に達したとも言える、朝鮮戦争後の一九五〇年代前半である。

この頃、ホブズボームはリュシアン・ゴルドマン、ロラン・バルト、エドガー・モラン等の「非正統的」な左派知識人と頻繁に交流するようになり、とりわけJ＝P・サルトルと頻繁に会うようになっていた。

サルトルは非共産主義左派の立場から冷戦体制を批判し、しかも一定の支持——知識層からはかなりの支持——を得ている哲学者・作家・知識人であった。このような「第三の道」の立場は当時米国はもちろんのこと、英国においてもほぼ許容される余地がなかった。後にベトナム戦争を批判するB・ラッセルでさえ、冷戦初期には「赤化よりは死んだ方がまし Dead rather red」の信奉者であり、必要であればアメリカは核独占がある間にソ連への核先制攻撃を行なうべきという主張に賛同していたのである。

エヴァンズはサルトルとの交流について「エリックはスターリニズムから距離を置き続け、広い範囲の非正統的な考えに慣れ親しむようになった」と記述している。サルトルとの親密な交流については、ホブズボームの自伝では空白になっており、エヴァンズによってはじめて光を当てられ、意味づけられた。

またフランスのF・ブローデルを総帥とする「アナール学派」はWWⅡ後、伝統的な政治史・法制史に対して、社会経済史的なパースペクティヴを背景にした「新しい歴史学」を対置しようとしていたホブズボームにとって、ある時期重要な同盟者となった。実際、一九五〇年にホブズ

24 マウはユネスコ総裁になってはいても、ノルマル時代の反権威主義を忘れてはおらず、一九六四年度のサルトルのノーベル文学賞辞退の際、この行為を称える一文を『フィガロ』に寄稿している。「もし、私たちの友情が形づくられた頃、──四〇年前──に、彼についてこの輝かしい未来を私の前で予言する者がいたとして、果たして私は驚いただろうか? いや、いささかも。そして今私は彼の辞退の理由を完全に理解し、受け入れる……」Annie Cohen-Soral, Sartre 1905-1980, Galimard, p739

25『わが二〇世紀』三七五頁

26 同書、三二九頁

ボームがR・ヒルトン、C・ヒル等とともに創刊した雑誌『過去と現在』の第一号の最初のパラグラフには、「故マルク・ブロックとリュシアン・フェーブルの伝統」に敬意が表されている。また、エリックが尊敬しているとして名を挙げる歴史家は、F・H・メイトランドを除いて、すべてフランス人だった。すなわち、M・ブロック、G・デュビィ、G・ルフェーブル、そしてF・ブローデルである[27]。

しかし、ホブズボームとフランスの歴史家たちの関係は世代が下るにつれて次第に悪化しはじめる。かつてスターリン主義者であったF・フュレ、ル・ロワ・ラデュリー等の歴史家たちが一九七〇年代以降、急激に保守化・ネオリベラル化しはじめたからである。この動きはフランスの歴史「学界」の文脈では、F・ブローデルに対する「父殺し」をも意味した。そしてこの「父殺し」は同時にフランス革命に対する新自由主義的な歴史修正主義をともなう。フュレたちは「偉大なる父」ブローデルとともにフランス革命の理念、自由と平等との結合という理念をギロチンにかけたのである。

こうした傾向に対し、ホブズボームは一九九〇年の『マルセイエーズのこだま』において正面から批判を展開した。この決裂は、フランス側からの陰湿な報復を招く。『極端な時代』はフュレの盟友かつ義兄弟でもあるP・ノラを中心としたパリの大学・文化産業関係者たちの工作によってフランスでは出版されなかった。スロヴェニア語、マジャール語、セルボ・クロアチア語、アルバニア語を含む欧州主要言語およびアラビア語、中国語、日本語、韓国語等への翻訳がなされた後にも、である。最終的にはフランスではなく、ベルギーの独立系小出版社から――『ル・モンド・ディプロマティーク』の資金援助を受けて――一九九九年に仏語訳は出版された。

7 新自由主義グローバリズムに抗して

『極端な時代』が出版された一九九四年は、一九八九〜九一年の旧社会主義圏の崩壊を受けて、西側では自由‐民主主義と資本主義の結合を言祝ぐユーフォリア的な言説が氾濫している時期でもあった。気が早い米国務省の役人は「歴史の終わり」などという「ポストモダニズム」的テーゼを口走り、日本でもそれを真面目に受け取る向きさえあった時代である。しかし、ちょうど三〇年後の今日から振り返れば、M・マゾワーが言うように、一九八九年に「勝利したのは民主主義ではなく、資本主義である」[28]と見做すほうがむしろ妥当だろう。

ホブズボームは『極端な時代』を準備する一〇年間の間に、すでに一九七三年以降の世界資本主義体制の再編成、すなわち新自由主義グローバリズムに対する分析を練り上げていた。それゆえ「時代の中心的な課題」として、次のように断言することもできたのである。

27 同書上、二八〇頁、同書下、二五四頁
28 M・マゾワー『暗黒の大陸』四九五頁

ソヴィエト共産主義の屍を満足げに眺めることではなく、資本主義に内在する欠陥について再び考えること[29]。

ホブズボームが資本主義に内在すると考える第一のものは、地球生態系への負担である。WWII後のいわゆる「黄金の三〇年」の期間のような経済成長率を持続させようとするならば、「この地球という惑星の自然環境――人類もその一部に含まれる――に逆転不可能で壊滅的な帰結」をもたらすだろう。地球生態系と「無制限の利益追求という基盤の上に立った世界経済とは両立できない」のである。

第二の欠陥は、米国の覇権の下に構築された国際的金融寡頭政がもたらす格差と貧困の拡大と民主主義の後退である。前者に関しては、現在いかなる立場からも否定できない事実と見做されている。後者についてホブズボームは、いわゆる「ポピュリズム」による脅威よりも、寡頭制的権威主義による民主主義の空洞化を強調している。これも世界銀行、IMF、ECB（ヨーロッパ中央銀行）の「トロイカ」による「ガバナンス」がもたらすEU諸国内の「民主主義の危機」として二一世紀に一挙に前景化することとなった。

そして一九七〇年代以降の高度消費社会に包摂される過程において、「マーケティングのサブ・セクション」へと転落したとされる「アヴァンギャルド avant-garde」芸術も、とりわけ日本においては、いまだに一九二〇〜三〇年代あるいは一九五〇〜六〇年代の輝きを取り戻すにはほど遠い。

しかしE・サイードが『極端な時代』への批評において述べたように、「二〇世紀とはやはり偉大なる抵抗の時代」[30]でもあった。サイードにとっては、たとえばF・ファノンの名がその「偉大なる抵抗」を象徴している。自らの亡骸を荼毘に付す際、同時に「インターナショナル」を流すように遺言したホブズボームも、もちろんそのことは否定しないだろう。

一度灼熱の炎によって灰となったなかから再び誕生する新しい、世界に散在する無数のインターナショナル」たち、二〇世紀の「偉大なる抵抗」を内に折り畳んだ「インターナショナル」たち、そこにこそ人類の希望は――もし希望があるとして――あるのだろう。

「芸術」もこの新しい「インターナショナル」たちと交差することで、グローバル・エリートのナルシシズムのための玩具という「牢獄」から脱獄し、本来の住処である荒野へと回帰するだろう。そして「野生の前衛 avant-garde sauvage」としての煌めきを再び放ち始めるに違いない。

29　E・ホブズボーム『20世紀の歴史　下』五七一頁
30　E・W・サイード『故国喪失についての省察　2』大橋洋一他訳、みすず書房、二〇〇九年、一二二頁

第7章 二〇世紀を生き抜き、思考した東アジアの思想家——日高六郎論

その逝くや為す所有り（蘇東波「潮州韓文公廟碑」）

日高六郎さんが亡くなられた。一九一七年生まれ。前章「越境する世界史家」で論じたE・ホブズボームと同年である。

また、日高さんは中国における帝国日本の植民都市・青島に生まれ育ち、一〇代後半に旧制一高、続いて東京帝国大学に進学するために、帝国の首都東京に移動した。この点では、フランス植民地帝国の地中海支配の要アルジェに一九一八年に生まれ、パリ高等師範学校（ENS）[1]に進学す

1 日本以上の「超学歴社会」であるフランスにおいて、第二次大戦後に国立行政学院（ENA）が設立されるまでは、突出した権威を有したエリート機関。一九世紀の卒業生としては、哲学者のH・ベルクソン、社会学者のE・デュルケーム、文学者としてロマン・ロラン、政治家としてジャン・ジョレス、首相経験者としてパンルヴェ、エリオ、レオン・ブルム（ユダヤ系としてはじめて首相となった）がおり、二〇世紀の卒業生としてJ＝P・サルトル、レーモン・アロン、メルロー＝ポンティ、フーコー、デリダ、ブルデュー。近年の卒業生としてはトマ・ピケティなどが挙げられる。

るためにパリへと北上したL・アルチュセールの軌跡とも比較し得るとも言える。両者とも植民地宗主国側の「植民者 colon」として生まれ、海を渡って帝国の首都に上り——程度とアプローチの差はあれ——マルクス主義からの強い影響を背景として、体制に対して批判的な思想家・知識人としての生涯を送った。

日高六郎、E・ホブズボーム、L・アルチュセールの三者とも、当時の「正統的」なマルクス主義とは距離を採りながらも、世界戦争と革命に揺り動かされた二〇世紀に向き合った思想家・歴史家・知識人として、マルクス主義的な理論・方法には強い関心を持ち続けた。

ただ、ここではこの三者も含めた二〇世紀の地球規模での比較思想史にはこれ以上立ち入らない。あくまで東アジアの植民地帝国日本とその崩壊、続く「熱戦」(中国内戦・朝鮮戦争)・「冷戦」、そしてポスト「冷戦」の一〇〇年を生き抜き、書き、そして思考した日高六郎という一人の思想家の、いくつかの側面について考えたい。

1 植民者として

日高六郎に限らず、いわゆる「戦後思想」の空間を構成した思想家、知識人、作家、芸術家には帝国日本の植民地出身者が多い。例えば台湾出身の埴谷雄高(一九〇九年生まれ)、宮本憲一(経済学者、一九三〇年生)、朝鮮半島出身の森崎和江(一九二七年生)、満州出身の安部公房

（一九二四年生）、富山妙子（一九二一年生）、羽田澄子（一九二六年生）。山口県に生まれ、九州を経て、満州建国大学に入学するために海を渡った上野英信（一九二三年生）をこのグループに含めてもいいだろう。

これらの思想家、作家たちの作品・テクストには明らかに植民地出身という過去の刻印が──むろん、それぞれ独自の様相ではあるのだが──くっきりと浮かび上がっている。この過去は、思想家、作家たちのなかに、複雑かつ深刻な葛藤を生み出し、葛藤は自己と世界の安定性・自明性を宙づりに導く。と同時に、ときほぐすことができない、この葛藤の「闇」は、思想家、作家たちのテクストを生み出す力ともなる。思想家、作家たちはテクストを産出することで、「闇」としての葛藤を照らし出すように誘われるが、この照射の試みは、また新たな闇を作家たちに自覚させる。この循環は決して終わりを迎えることはない。

戦後民主主義に属するとされる思想家たちの中で、日高六郎がある意味、際立って帝国日本のアジアに対する侵略戦争の責任、また朝鮮、台湾をはじめとする植民地に対する責任を語ってきたように見えるとすれば、そのことは植民者として生まれた「闇」としての葛藤と無縁ではないだろう。「わが思索わが風土」では、一九七一年にベトナム反戦運動の関係でパリを訪れた際のエピソードが紹介されている。

ふと私は、中国の青島市で生まれたと言った。すると彼は即座にフランス語で「植民者

colon……」とつぶやいた。面とむかってそういわれたのは、これがはじめてである。私はどこか忘却の世界に追いやっていた記憶がはじけて、身体全体をかけめぐるのを感じた[2]。

日高六郎によれば、青島市には毎年春に帝国海軍の連合艦隊が訪れていた。長門・陸奥などの戦艦、巡洋艦、駆逐艦、潜水艦、空母が連なって膠州湾を埋め尽くす様は視覚的に壮観ではあったらしい。小学生時代の日高少年は、この一年に一度の連合艦隊の大デモンストレーションと軍楽隊の奏でる、序曲、円舞曲、間奏曲、行進曲などの「生の」音楽に深く魅了された。

しかし、東京の大学に進学し、マルクス主義を支持するようになった兄からの影響を受けた（旧制）中学生、六郎少年は、「急に連合艦隊がうとましくなり、軍楽隊を聞きに行く気持ちを失った」。すでに「満州事変」という名の中国侵略は開始されており、日高少年にとって、「連合艦隊」は侵略の側へと位置づけられた。とはいえ、そうした考えを中学生にとっては、家族以外の外部の人々――教師であれ、友人であれ――伝えることは不可能であった。

とすれば、中学生日高六郎にとって、残された選択肢は沈黙を守るか、必要な場合には「演技」をするほかかない。「演技」を強いられる日高少年は「自分は二重人格ではないか」という疑いに苛まれる。しかし、日高六郎は「用心深く、二重人格で通していくことを決心した」。最初の「実存的選択」である。

第二の実存的選択はアジア・太平洋戦争末期、一九四四年から嘱託として研究調査をしていた海軍技術研究所を舞台に行なわれる。一九四五年五月末あるいは六月はじめ頃、研究所において時局についての報告発表の機会が訪れる。二〇代後半の日高青年は、「世界の大勢」は「民主主義」と「植民地独立」に向かっており、来るべき「戦後」においてこの趨勢を覆すことはできないとし、東アジア・東南アジアからすべての日本軍を撤収し、台湾・香港（当時日本軍が占領していた）を中国に返還し、朝鮮の独立を確定することを発表すべきであるとの趣旨の報告を行なった。その場には、「皇国史観」の主唱者である東京帝大教授、平泉澄が出席していた。平泉は日高青年の四〇分ほどの発表の後、すぐさま反論＝叱責へと身を乗り出す。

日高君の議論には、私はすべて賛成できない。その根本は、議論の進め方が、皇国精神から出発せず、世界の大勢から説きおこしているところにある。それは皇国思想の否定以外のなにものでもない。君の思想は、日本の国体を危うくするものである[3]。

そして、「日本軍撤退の提案」に至っては「私は許すことができない」と続けた。当時の平泉澄は陸海軍上層部に強い影響力をもっていた。実際、日高は、この報告のための調

2『戦後思想と歴史の経験』勁草書房、一九七四、二六二頁
3『戦争のなかで考えたこと　ある家族の物語』筑摩書房、二〇〇五、一五六－一五七頁

査の過程で、ヒアリングに出向いた当時の外務省ソ連課長に、「あなたの議論は興味深い。しかし、海軍嘱託の身分では陸軍憲兵による取り調べ、警察による逮捕、または陸軍の側からの召集令状によって、ほとんど生還の見込みがない戦地に配置することは簡単です。そのあたりのことを十分注意した方がよい」との趣旨の「忠告」を受けていた。

平泉澄から叱責を受けた際の反応を後年、日高六郎は「恐怖が私の足もとから身体をつらぬいた」と回想している。

しかし、日高六郎はこの報告を文書にして提出するように求められたとき、発表の趣旨を基本にして「国策転換に関する所見」をまとめあげ、提出することを選択する。海軍技術研究所の返答は、「日高六郎嘱託の意見は〈海軍〉の見解と著しく異なるので、本日をもって解職する」であった。現在から振り返って、この時の日高六郎の「選択」は、容易なことであったと言えるだろうか？

私はそうは思わない。

なるほど、戦争もすでに末期、敗戦は濃厚という判断が海軍の一部にあったからこそ、二〇代後半の日高青年に、技術研究所での調査・報告が求められた、という状況が出現したとは言えるだろう。しかし、平泉澄が出席する研究会でさきのような報告をし、かつ文書として提出する行為に危険が伴わない、などということはあり得ない。外務省のソ連課長が「忠告」したように、単なる嘱託である一青年如き、陸軍憲兵や特高がもしその気になれば簡単に逮捕できただろう。逮捕のあと、どのような運命が待ちうけているのかは周知の通りである。実際、日高六郎が『戦後思想を考える』、『私の平和論』など複数のテクストにおいて頻繁に言及する三木清は、一九四五年三月二八日に検挙され、八月一五日以降も釈放されることなく、九月二六日豊多摩拘置所の独房にて獄死している。

このような「状況 situation」において、前もって己の選択を断言できる人は多くないだろう。私ももちろん断言できない。というよりも、前もって断言したところで、それは何の意味もない。日高六郎は、己の「生」が断ち切られる可能性も含めた「状況」に直面して「自由」に選択した。第二の実存的選択と呼ぶ所以である。

2　憲法第一〇条、「国籍条項」について

第二の実存的選択を為した日高六郎は、さまざまな偶然の重畳の結果として、アジア・太平洋戦争を生き延びた。

その後、体制に批判的な思想家として「長い戦後」を生き抜き、あるいは再び「戦前」になるのかもしれない二〇一八年に世を去った。その過程において、かなりの数の運動に関わった。運動との関わりについては、直接空間を共にした多くの方々が語られていくことと思う。ここでは日高六郎の日本国憲法への視点に絞って考えてみたい。

近年一般には「護憲」派と「戦後民主主義」はほとんど同義で使用されることが多い。しかし、

これは正確ではない。

確かに、戦後保守勢力——ある時期からは自由民主党——による基本的人権の縮小あるいは撤廃というプロジェクト、あるいは米国の要求とベクトル合成された九条改憲に対して日本国憲法を擁護するという意味においては、戦後民主主義は護憲派に接近するとは言えるだろう。

ただし、日本国憲法、とりわけ九条を国内の法的秩序の問題に限定する立場ならば、護憲派ではあるだろうが、戦後民主主義的言説とは呼ぶことは難しい。というのも、戦後民主主義の枠組みは、一九五一年のサン＝フランシスコ講和会議、一九六〇年の日米安全保障条約の改定の際に明確に示されたように、いずれの軍事同盟にも与さない国際政治の舞台における中立主義の文脈——しかもアジア・アフリカの植民地解放運動と連携した——と憲法九条の結合を最低限の前提とするからである。

この点に関しては、有名な「三たび平和について」の第一・第二章を執筆した丸山眞男であれ、久野収であれ、加藤周一であれ、そして日高六郎であれ、完全に共有している。したがって、戦後民主主義の立場からは、論理的ないしは中期的には、日米軍事同盟に代えて日米平和友好条約を締結し、日本国内の米軍基地は順次縮小・撤退という道筋になる。

軍事同盟解消というこの方針は、とりたてて日本国憲法と矛盾するわけではない。むしろ、日米軍事同盟が憲法と両立しないのである。この限りでは、戦後民主主義的言説と日本国憲法は平仄を合わせている。逆に、日米軍事同盟を支持する「護憲」派・あるいは日米安保条約への態度決定を保留する「護憲」的言説は憲法の論理と整合的であることは難しい。このような立場は早晩──「論憲」という名であれ、「立憲的改憲」という名であれ──日米軍事同盟に矛盾しないかたちで改憲の作業に入るか、あるいは憲法と安保条約の矛盾を、沖縄をはじめとした一部地域にのみ半永久的に押しつける、およそ立憲体制の名にふさわしくない姑息な態度に居直るか、いずれかの道を選ぶしかない。

しかしながら、戦後民主主義の思想家たちが原則的に日本国憲法に批判的な点がある。天皇の位置である。現憲法に従えば、現在の日本の国制は「主権在民」にもとづく立憲君主制である。しかし、先に挙げた久野収、丸山真男、加藤周一、日高六郎といった一五年戦争とともに少年期、青年期を送り、アジア・太平洋戦争に召集される可能性、あるいは侵略戦争不支持の意見のゆえに逮捕・拷問・拘留、そして懲役の可能性に日々脅かされていた思想家たちは、立憲君主制ではなく、共和制にもとづいた民主主義を支持している。それゆえ、これらの思想家たちにとっては、中長期的には、憲法の「第一章　天皇」の部分は「国民の総意」にもとづいて改正すべきであるということになる。

無論、ワイマール共和国の例に鑑みれば、共和政体を採用したからとて、かならず自由主義と民主主義の双方の原則が──ある程度の妥協の範囲内で──尊重されるという保証はない。さりながら、東アジアの文脈において「天皇の軍隊」の侵略行為と「国体」の名の下での言論・表現・結社の自由の抹殺を身を以て経験した世代の思想家たちが天皇制の廃止と共和制支持へと鋭く傾斜することも、また自然なことであろう。

日高六郎を他の戦後民主主義の思想家たちと比較した場合の特異性は、日本国憲法「第一〇条　日本国民たる要件は、法律でこれを定める」、いわゆる「国籍条項」成立のプロセスと国籍条項がもたらした巨大な負の遺産へのこだわりである。

一九四六年三月に発表された草案要綱では、九条の戦争放棄に続いて「第三章　第十条　国民はすべての基本的人権の享有を妨げられない」とあった。つまり、「国籍条項」は原案の段階ではなかった。

一九四六年六月からの衆議院での「草案要綱」の審議において、自民党、進歩党が一〇条に「日本国民の要件」の追加を要求し、社会党もそれを呑んだ。この「国籍条項」と一九五〇年の「国籍法」の結合は、日本在住外国人、とりわけ戦後「一括除籍」された旧植民地出身者である朝鮮系、台湾系の人々の権利――アジア・太平洋戦争における戦死あるいは傷病に対する補償の権利を含む――を剥奪する法的根拠を提供しつづけた。

GHQとの交渉にあたった日本政府と官僚は注意深く、慎重にこの過程を準備した。

一九四六年二月、新憲法のGHQ原案は日本政府に伝えられるが、日米間での協議及び帝国議会での修正の余地は残された。日本側の修正希望は「第三章　国民の権利及び義務」に集中した。日高はGHQ原案の第一三条に注目する。

第一三条　すべての自然人は、法の前に平等である。人種、信条、性別、社会的身分、カーストまたは出身国により、政治的関係、経済的関係、または社会的関係において差別がなされることを、受権または容認してはならない[4]。

また第一六条には「外国人は、法の平等の保護を受ける」とあった。日米間は、三月四日から協議を開始、四日午前から五日全日、そして徹夜で六日朝まで交渉は続いた。四日午後からのすべての交渉は当時の内閣法制局第一部長が担当した。その結果、日本側は一六条全文削除と一三条の重要な修正を認めさせた。「すべての自然人　All natural persons」は「凡そ人は」と修正、さらに帝国議会に提出した改正案では、「日本国民」に再修正された。また「カースト及び出身国」は「門地」に修正された。

これらの憲法原案の周到かつ狡猾な修正と「国籍法」の結合によって朝鮮系、台湾系、そして日本に住むすべての外国人は戦後長く「法」にもとづく排除・差別に苦しむことになった。日高六郎の最後の単著『私の憲法体験』においては、大略以上のような憲法制定過程とそれが生み出した法的排除・差別の構造が詳細に語られている。

無論、日高が現在の政権あるいは与党の改憲案ないし方向にトータルに否定的であったことは

4　『私の憲法体験』筑摩書房、二〇一〇、一五二頁

言うまでもない。ただし、先述のような修正過程とその結果に目をつぶったまま、「前文」にある「普遍の原理」や「国際的社会における名誉ある地位」が日本国憲法に約束されているとも考えなかった。

仮にもし、「名誉」なるものが可能であるとするならば、その時々の多数派に支持されているかどうかには関わりなく、マイノリティを排除・差別する構造を――わずかずつではあれ――変革しようとする気概と試みと結びついた時にのみ、憲法の「名誉」について語ることができるのかもしれない。

3 自由と社会主義

冒頭に、日高六郎について「マルクス主義的な理論・方法」には強い関心をもちながらも、いわゆる「マルクス主義」とは距離をとりつづけたと書いた。本人の短い言葉を援用すれば、「マルクスを尊敬する非マルクス主義者」という表現に集約されるだろうか。

二〇〇五年の『戦争のなかで考えたこと』では、一九三七~三八年に吹き荒れたスターリンによる大粛清、とりわけ日高自身が当時注目していた理論家ブハーリンが処刑された報に接し、ソ連の体制に疑問を抱くようになったとされている。

ブハーリン、カーメネフ、ジノヴィエフ、ルイコフを含めた一九一七年革命に参加した多くの古参党員、ソ連赤軍元帥・「赤いナポレオン」トハチェフスキーをはじめとした軍将校の大量粛清[5]はユーラシアの西端においても左派空間に大きな動揺をもたらした。一九四七年に上梓されたM・メルロー＝ポンティの『ヒューマニズムとテロル』は非共産主義左派のスターリン主義に対する困惑を雄弁に物語っている。

戦後日本の言説空間において、マルクス主義の理論と運動に対して左派の立場から最初に包括的な疑問を呈したのは、『近代文学』に結集したグループである。『近代文学』が提出したプロブレマティークは荒正人・平野謙が前景化した「政治と文学」論争として記憶されているが、続く埴谷雄高のスターリン主義批判、あるいは『死霊』と合わせて、存在論、人間学、政治理論を横断する、共産主義とは異なる「社会主義」のビジョンの試みであったと看做すべきである。

日高六郎は社会科学者としてほとんどただ一人『近代文学』同人となっている。「二〇世紀論」（一九四八）、「人間とかれの自由について」（一九四九）、「一八世紀と現代」（一九四九）などは『近代文学』に寄稿された評論である。また一九五六年に岩波講座『現代思想』に掲載された論文「二つの大戦の間」、あるいは一九五九年の「マルクス主義者への二、三の提案」（『現代の理論』創刊号）なども、基本的に「近代文学」の提起したプロブレマティークに呼応したものである。

共産主義とは異なる「社会主義」のビジョンとはどのようなものか？「戦後思想の出発」にお

5　この際の赤軍将校の大量虐殺は独ソ戦の初期におけるソ連軍の一方的潰走の主因の一つとなったとされている。

いて、日高六郎は「個人の思想の自律を中心において、そこから出発して新しい協同と連帯をつくりだす道筋」と述べている。一九六七年の『展望』に掲載された「現実・思想・思想者について」では、「基本的人権と個人の自由を尊重する思想」とより直截に定義し、「この自由についての徹底した考察」なしには社会主義は実現不可能であるとまで断言している。

この論点は『戦後思想を考える』（一九八〇）に収録された評論でも、大企業支配体制下において進行する管理社会批判と交差してさらに展開される。

かつては、資本主義の倫理は個人主義の倫理であり、社会主義の倫理は集団主義の倫理であると言われた。しかし自立としての個人主義は、資本主義より長生きしてほしいし、長生きしなければならない[6]。

とはいえ、日高六郎は資本主義体制と結合した自由主義には、終始懐疑的ないしは否定的であった。二〇世紀を生き抜いた思想家にとって、「自由－資本主義」は「個の自由」を圧殺するシステムと映る。「自由」を唱えながら実質は大企業支配へと転化した資本主義は、正規労働者と非正規労働者の間に分断を作り出して、支配への「同意」を、さしあたりのところ調達しているように見える。しかし、資本主義体制において、格差と差別は温存され、異を唱えたり、抵抗したりする少数者は排除される。

一九八〇年に執筆された「管理社会化をめぐって」において、現在の資本主義システムの延長線上にはＧ・オーウェルの『一九八四』の世界が待っていると日高は警告する。「一九八四年にはかならずもう一度『一九八四』が話題になることは、今から予言しておいてもまちがいあるまい」。

そして、日高六郎がこの「予言」をしてから四〇年近く経過し、当時では想像もできなかった監視・管理テクノロジーの飛躍的な進化により、世界は『一九八四』に急速に漸近しつづけている。

さりながら、われわれは日高六郎の予言にただ驚いているだけではすまされない。

いま、求められていることは、自由と社会主義との連携の思想と社会構想とを練り上げ、たとえ少しずつではあれ──試行錯誤もあるだろう──資本主義体制を掘り崩していくこと、これである。

二〇世紀を生き抜いた思想家、日高六郎は世を去った。しかし、日高六郎の思考の痕跡は残されたテクストに刻み込まれている。このテクストを読む行為は「痕跡」との衝突によって無限の幅をもった化学反応を引き起こし、無限のスペクトルの炎を惹起するだろう。読者とテクストの遭遇によって炎が燃え上がりつづける限り、日高六郎の精神はわれわれとともにある。

6 『戦後思想を考える』一一九頁

あとがき

本書は、研究としては、二〇一九年に東京大学出版会から上梓された『ファシズムと冷戦のはざまで　戦後思想の胎動と形成1930－1960』の姉妹編をなすものである。ファシズムとWWⅡ後の国際冷戦レジームの双方に対峙した思想言説を歴史的文脈に位置づけながら分析する、という方法に関しては、第三章「戦後思想の胎動と誕生1930－1948」、第六章「越境する世界史家　エリック・ホブズボーム論」、第七章「二〇世紀を生き抜き、思考した東アジアの思想家　日高六郎論」は、まさに前著の試みの継続と言える。

国際冷戦レジームは、第二章で論じたように、WWⅡ直後から一九五〇年頃までに「ユーラシア＝陸」の帝国VS.米国を中心とした「海」の帝国の対立として成立した。

その際、ユーラシアの両端において、社会主義圏VS.資本主義圏の対決の緩衝地帯であるフランス、日本、そして英国で国際冷戦レジームへの抵抗として「戦後思想」が前景化する。

それが、フランスではJ＝P・サルトル、シモーヌ・ド・ボーヴォワール、M・メルロー＝ポンティ等が結集した『現代』とF・ブローデルが率いる『アナール』であり、日本では久野収、丸山眞男、都留重人、日高六郎、堀田善衛、加藤周一、鶴見俊輔などの「戦後思想』であり、そして英国ではE・ホブズボーム、E・P・トムソン等の『過去と現在』、そして「カルチュラル・スタディーズ」の創始者とも見做されるR・ウィリアムズとS・ホール、さらに後にノーベル文学賞を受賞するD・レッシングやサルトル研究者でもあるI・マードックといった作家であった。したがって、第三章・第七章（日本）と第六章（英国・欧州）の扱う対象が、地理的に「ユーラシアの両端」を構成しているのは、偶然ではない。

なお、これらの問題を扱ったそれぞれの章の原型になった論文の初出は以下の通りである。

第二章「国際冷戦レジームと第三世界」『世界』二〇二〇年一月号
第三章「戦後思想の胎動と誕生1930―1948」『世界』二〇二三年一一月号
第六章「越境する世界史家―エリック・ホブズボーム」『世界』二〇二一年一一～一二月号
第七章「二〇世紀を生き抜き、思考した東アジアの思想家」『世界』二〇一八年八月号

さて、ホブズボーム自身が提起した「短い二〇世紀」は、一九八九～九一年のソ連・東欧圏崩壊によって幕を閉じる。ただし、そこで勝利したのはM・マゾワーが言うように、明らかに「自由民主主義」ではなく、「資本主義」であった。その後、今日までの三〇年の歴史は、ある意味「箍《たが》が外れた」資本主義の全地球化の過程と整理できる。この過程は、西側では一九七〇年代には始動していた新自由主義グローバリズムと重畳して、WWII

後、欧州、北米、日本などの「北西」地域で構築された「民主主義との妥協」を廃棄した「自由主義－資本主義」への純化の傾向を生み出した。

現在の公的言説においては、この「自由主義－資本主義」以外の選択肢はあり得ず、それへの抵抗言説・運動は、統治エリートによって、すべて「ポピュリズム」という名のブラックボックスに分類されている。

なるほど、米国のトランプ、フランスのマリーヌ・ルペン率いる国民戦線、ドイツのAfD、そして日本の維新の会などを「極右ポピュリズム」と概念化することには一定の合理性もあろう。

しかし、アメリカのバーニー・サンダースやアレクサンドリア・オカシオ＝コルテスなどの民主党急進派、あるいは英国のジェレミー・コービン、さらにはスペインのポデモス、ジャン＝リュック・メランションの「服従しないフランス」を、あたかも「極右ポピュリズム」と対称性をもつ「極左ポピュリズム」と命名し、それに対して「リベラリズム」を対置する解読格子は果たして有効であろうか？

ほんとうに、公式の言説が主張ないし示唆するように、急進左派は多様性を否定しているのだろうか。また、多様性を唱える「リベラリズム」にとって、「民主主義democracy」は如何なる位置を占めるのだろうか？

実際のところ、グローバル資本主義体制以外の「選択肢はない」とする「リベラリズム」にとっては、それを理解できない「民衆 dēmos」、「人民 populus」は「愚民」の群れでしかない。せいぜいが「賢人」たちの「統治 governance」によって管理してやる「羊の群れ」といったところだろう。この「自明の真理」に対して、あろうことかオルタナティヴとして社会主義を持ち出す連中などは、危険な夢想家でしかない。「民主主義」という振幅ある概念・制度は、ともするとこうした夢想家ないし過激派に正当性を与えかねない。とはいえ、あからさまに「民主主義」の看板を下ろすのは二一世紀には「時代錯誤」の誹りを免れない。とすれば、むしろなすべきことは粛々と「統治 governance」の概念を——M・フーコーの権力概念をなぞるように——社会の隅々まで行き渡らせながら、実質的に「民主主義」を空洞化することではないのか？ 今日のグローバル・エリートたちの考えていることは、およそこのあたりとしておいて「当たらずと言えども遠からず」というところだろう。

こうしたリベラルな「賢人」たちにとっての「自明の理」に対して、本書は序章「自由主義・民主主義・社会主義」および第一章「『自由主義』－『民主主義』体制の崩壊？」において自由主義、民主主義、社会主義の三つの概念の関係を歴史的・理論的に分析することを通じて、大いなる疑問符を提出している。

第一章の原型は、二〇一七年に『比較経済研究』に掲載された「自由主義－民主主義体制の終焉？　新自由主義グローバリズムの文脈において」である。また、このプロブレマティークに関する長い序章は、今回新たに書き下ろした。

「あとがき」にふさわしく結論だけを縮約しておくと、理論的に無限の複利的再投資を

「可能性の条件」とし、そのコロラリーとして「無限の経済成長」――WWII後自覚化された――を内に抱え込む資本主義体制は、有限の地球生態系との関係において、もはや持続不可能であることは明白であり、また資本主義と手を携えて進化してきた「自由主義」も、「民主主義」・「社会主義」との再対話なくしては、グローバル・エリートによる「寡頭制」を正統化するイデオロギーに転落する寸前の状態にある、これが本書の主張である。

もし、オルタナティヴがあるとすれば、それは「二一世紀の社会主義」、この道しかない。無論、この「二一世紀の社会主義」は、少数意見の尊重やさまざまなレベルでの多様性といった「リベラリズム」の肯定的な面は継承するだろう。「人の支配」ではなく、「法の支配 rule of law」という理念も当然組み込まれる。では、「民主主義」と「社会主義」は、それとどのように関連するのか。そのことに関しては、本書の総論的な位置を占める序章「自由主義・民主主義・社会主義」を再読していただければ幸いである。なお、この序章に関しては千葉大学の水島治郎さんと大阪公立大学の酒井隆史さんに原稿段階で目を通してもらい、それぞれ貴重なコメントを頂いた。特に記して感謝したい。

さて、「リベラル」な「賢人」たちの言説に覆いつくされたように見える二一世紀現在の日本において、このような「来るべき à venir」民主主義への手がかりは何処にも見当たらないのだろうか。実際、新しい社会の構築にあたっては何事もゼロからの出発は困難であることは言うまでもない。

しかし、われわれにとって幸運なことに、一九三〇年代のファシズムに抵抗した「戦後思想家」たちは、同時に資本主義体制の批判者でもあり、さらにソ連型・中国型いずれの「共産主義」にも与さない「独立社会主義」者たちでもあった。また彼らは、いずれもアジア・アフリカの植民地解放の大義の支持者でもあって、その意味ではWWⅡ後の欧州型「社会民主主義」者でもない。この点に関しては、国際冷戦レジームに抵抗したユーラシアの両端、フランス、日本、英国の「戦後思想家」すべてに共通する。

本書の第四章「敗戦と戦後革命」と第五章「日本国憲法とアジア熱戦」は、とりわけ無条件降伏後の五年あまりの日本における「民主化」＝「戦後革命」、「改革」＝日本国憲法の制定、そして東アジアにおける「熱戦」＝朝鮮戦争に至る過程を集中的に分析したものである。

この第四章と第五章は今回新たに書き下ろした。ここでは、戦後の政治過程を前記の三段階に区分すること、そしてその過程における太平洋問題調査会（ＩＰＲ）の「ラディカル」たち――Ｏ・ラティモア、Ｔ・ビッソン、Ｈ・ノーマン――とＣ・ケーディスを代表とする「ニューディーラー」たちの果たした役割に焦点をあてること、この二つが強調されている。とりわけＨ・ノーマンは、三つの政治過程の各々に立ち合いながら、最後まで「逆コース」と東アジア熱戦に抵抗した思想家・外交官として、再評価されるべきだろう。

日本に生まれ、少年期から「白人植民地主義」への反感を胸に抱き、青年期「赤いケンブリッジ」において植民地解放――とりわけインド――のプロジェクトに参加し、そして一九五六年第二次中東戦争の際は、エジプト駐在のカナダ大使として英仏イスラエルのスエズ侵攻を――外相ピアソンとともに――国連を通じて斥けたノーマン。この際、ノーマンは、ガザを「軍事的要衝」と称して最後まで占領しつづけたイスラエル軍を撤退させることにも大きく貢献した。ガザにおいて米国の黙認の下、イスラエル軍による一方的な大虐殺が展開されている現在、ノーマンの人生と思想を反植民地主義の視点から統一的に再検討することは急務とさえ言えるだろう。何と言っても、ノーマンは日本研究者でありながら、日本の植民地支配と中国侵略に関しては一貫して批判的な立場をとりつづけた思想家である。その意味で、ノーマンはまさに「ユーラシアの両端」で反植民地主義の立場から「状況 situation」に介入した思想家・外交官であった。現実政治への影響力という点だけで言えば、二〇世紀最大の哲学者J＝P・サルトルをも遥かに凌ぐ痕跡を残したとも評価できるだろう。なお、第四章と第五章については、原稿段階で戦後文化研究会にて新潟大学の逸見龍生さんと中京大学の樹本健さんにそれぞれ貴重なコメントを頂いた。このことも、特に記して感謝したい。

さて、H・ノーマンはまた卓越した歴史家でもある。ここで『クリオの顔』に収められたノーマンの「歴史」に関する文章を引用しておく。

歴史は、すべての糸があらゆる他の糸と何かの意味で結びついているつぎ目のない織物に似ている。ちょっと触れただけで、この繊細に織られた網目をうっかり破ってしまうかもしれないという恐れがあるからこそ、真の歴史家は仕事にかかろうとする際にいたく心をなやますのである。

R・バルトを想起させる、この繊細なエクリチュールと植民地解放の大義のために人生の終わりに至るまで反復された「アンガジュマン engagement」、その双方がともにE・H・ノーマンを構成する。その点では、やはり一九五〇年代のフランス社会でまったく孤立しながら、敢然とアルジェリア独立の大義を支持したJ＝P・サルトルとともに二〇世紀を代表する思想家だと言えるだろう。

＊

本書は畏友、熊谷伸一郎さんが、まさに人類史スケールの分岐点を迎えつつある現在、「来るべき à venir」民主主義に向けた言論の拠点として地平社を立ち上げるにあたって、その志と気概への敬意と連帯の証として、企画されたものである。

いささか学術的な書物ではあるが、できるだけ多くの読者に届くことを願ってやまない。

二〇二四年三月末日　　三宅芳夫

三宅芳夫（みやけ・よしお）
千葉大学大学院社会科学研究院教授。1969年、神戸市生まれ。東京大学大学院総合文化研究科博士課程修了、学術博士（Ph.D.）。専攻は哲学・思想史・批判理論／国際関係史。著書に『ファシズムと冷戦のはざまで　戦後思想の胎動と形成 1930-1960』（東京大学出版会、2019年）、『知識人と社会　J=P. サルトルにおける政治と実存』（岩波書店、2000年）など。

世界史の中の戦後思想………自由主義・民主主義・社会主義

2024年4月23日──初版第1刷発行

著者…………………三宅芳夫《みやけよしお》

発行者………………熊谷伸一郎

発行所………………地平社
〒101-0051
東京都千代田区神田神保町1丁目32番 白石ビル2階
電話：03-6260-5480（代）
FAX：03-6260-5482
www.chiheisha.co.jp

デザイン・組版……赤崎正一（組版協力＝国府台さくら）

印刷製本……………モリモト印刷

ISBN978-4-911256-05-3 C1021

地平社　乱丁・落丁本はお取りかえします。